CONVERSATIONAL TURKISH DIALOGUES

Over 100 Turkish Conversations and Short Stories

Conversational Turkish
Dual Language Books

www.LingoMastery.com

CONTENTS

INTRODUCTION

So, you want to learn Turkish, beloved reader? Excellent — if you've purchased this book then you're already well on your way to doing so. Turkish is one of the languages widely spread across the globe around 200 million people speaking it. With this book you can make this number bigger by at least one point!

And most importantly, you can do it in a fun and really efficient way. If there's something we know for sure after years in the language learning world, it is that many students choose — or are provided with — the wrong means of study, with professors giving them boring textbooks full of rules they'll never learn or need in a real-world situation; while others may overwhelm them with reading material that only serves to make them feel uncomfortable and doubtful of their own skills and level as a Turkish learner.

Our goal with this book is to allow you, the reader, to encounter useful, entertaining conversations that adapt very well into dozens of real-life situations that you can and certainly *will* encounter in the Turkish-speaking world, giving you a chance to fend for yourself when you come across them!

Vocabulary is crucial to learning *any* new language, and the conversations in this book will *guarantee* you pick up plenty of it and watch how it is applied to real life.

What this book is about and how it works:

This book will ensure you practice your conversational skills in Turkish through the use of **one hundred and five examples of conversations,** written in both Turkish *and* English to allow you to fully understand what's going on in each and every one of them.

Each new chapter is an entirely new, fresh conversation between two people of an everyday situation you may tackle sooner or later. You'll be able to observe how to handle yourself when it comes to checking in at a hotel, asking for directions, meeting an old friend or ordering food at a restaurant, among many others.

1

If you want to ensure proper understanding of the story, we recommend you read the story in both languages and follow the narrative in a way that gives you the chance to cross-reference what's going on in Turkish by checking out the story in clear, concise English.

How was this book created?

The dialogues you'll find inside is the result of collaboration between both English and Turkish native speakers. Once written in natural English the stories were translated into Turkish and we feel it crucial to give a brief explanation of how it was done.

Since we want you to sound natural, we avoided a word for word translation, so you may come across situations when

- Translations are shorter or longer than the original;

- Some translations are descriptive. For example, there's no way in Turkish to say "a red-eye flight" in two words;

- One and the same word is translated differently in different sentences.

For this reason, it might be a good idea to learn whole phrases sometimes, rather than separate words.

So, wake up your inner linguist, analyze, make your own discoveries and get amazed at how different languages work!

Now you know what it is the book will provide you... what are the best ways to use it?

Tips and recommendations for readers of Conversational Turkish Dialogues:

This book is certainly easy to pick up and use as many times as you need to, but there are effective ways of applying it to your learning that will get the most out of it. Remember, being effective will not only increase the amount you learn, but also decrease the time you need to spend on doing so!

So, what should you do to improve your learning with **Conversational Turkish Dialogues?**

Well, you can always:

1. Roleplay these conversations, whether it's alone or with a friend — pretending to actually set up a bank account with a friend may actually do much more for your knowledge of Turkish than any lesson will. This book provides you with plenty of material, so go ahead and act! Your pronunciation, fluency and confidence will all benefit from it!

2. Look up the words you don't understand — there will always be vocabulary and specific terms you may not get and which aren't translated exactly word-for-word (for our purposes of making the conversation realistic in both languages), so you may need a dictionary. Don't feel upset or ashamed of jotting down those words you don't understand for a quick search on the internet later on!

3. Make your own conversations! — Once you're done with this book, pick any conversation from the *hundred and five* examples you have and adapt it to your own version. Why not make it so that the receptionist of the hotel *didn't* have rooms? Or maybe the friends meeting each other *weren't* so friendly, eh? Find something you like and create something new!

4. Don't be afraid to look for more conversations once you've finished reading and practicing with this book — only through practice can you reach perfection, or at least as closest as you can get to it!

Well, that's all we had to tell you, reader. Now go ahead and show the world you can handle anything! Work hard and keep it up, and before long you'll breeze past any Turkish lesson.

Believe in yourself, it's all you need to achieve even the impossible!

FREE BOOK!

Free Book Reveals The 6 Step Blueprint That Took Students
From Language Learners To Fluent In 3 Months

One last thing before we start. If you haven't already, head over to LingoMastery.com/hacks and grab a copy of our free Lingo Hacks book that will teach you the important secrets that you need to know to become fluent in a language as fast as possible. Again, you can find the free book over at LingoMastery.com/hacks.

Now, without further ado, enjoy the book!

Good luck, reader!

1 YEMEK SIPARIŞI VERIRKEN - ORDERING DINNER (A1)

Garson: Merhaba, nasılsınız?

Amira: İyiyim, teşekkürler. Siz nasılsınız?

Garson: Çok iyiyim, teşekkür ederim. Ne içmek istersiniz?

Amira: Sadece su lütfen.

Garson: Tamam. Menüyü buyurun. Suyunuzu hemen getiriyorum.

Amira: Teşekkürler.

Garson: Buyurun. Sipariş vermek için hazır mısınız?

Amira: Hayır, birkaç dakikaya daha ihtiyacım var.

Garson: Hiç sorun değil, dilediğiniz kadar bakabilirsiniz.

(Üç dakika sonra...)

Garson: Biraz daha bakmak ister misiniz?

Amira: Hayır, hazırım.

Garson: Harika, ne alırdınız?

Amira: Tavuklu, mevsim yeşillikli salata alabilir miyim?

Garson: Elbette. Salatayı çorbayla servis ediyoruz. Kremalı domates çorbası mı yoksa sebze çorbası mı istersiniz?

Amira: Hmm, kremalı domates olsun.

Garson: Çok iyi seçim. Başka bir şey alır mıydınız?

Amira: Hayır, hepsi bu.

Garson: Harika!

(Beş dakika sonra...)

Garson: Buyurun, çorbanız ve salatanız.

Amira: Teşekkür ederim.

Garson: Rica ederim. Başka bir arzunuz olursa lütfen haber verin.

Amira: Tamam.

(On beş dakika sonra...)

Garson: Yemeğiniz bitti mi?

Amira: Evet!

Garson: Tatlı menüsünü görmek ister misiniz?

Amira: Hayır, teşekkürler. Hesabı alayım lütfen.

Garson: Elbette, buyurun.

Amira: Teşekkür ederim!

ORDERİNG DİNNER

Waiter: Hi, how are you?

Amira: I'm good, thanks. How are you?

Waiter: I'm great. Thanks for asking. What would you like to drink?

Amira: Just water, please.

Waiter: Okay. Here is the menu. I'll be right back with your water.

Amira: Thanks.

Waiter: Here you go. Are you ready to order?

Amira: No, I need a couple more minutes.

Waiter: No problem. Take your time.

(Three minutes later…)

Waiter: Do you need more time?

Amira: No, I'm ready.

Waiter: Perfect. What would you like?

Amira: Can I have the spring greens salad with chicken?

Waiter: Sure. The salad comes with a soup. Would you like creamy tomato or minestrone?

Amira: Umm, creamy tomato.

Waiter: Good choice. Would you like anything else?

Amira: No, that's it.

Waiter: Great!

(Five minutes later…)

Waiter: All right, here is your soup and salad.

Amira: Thank you.

Waiter: No problem. Let me know if you need anything else.

Amira: Okay.

(Fifteen minutes later…)

Waiter: Are you done with your meal?

Amira: Yep!

Waiter: Would you like to see the dessert menu?

Amira: No, thanks. Just the check, please.

Waiter: Of course. Here it is.

Amira: Thank you!

2 DONDURMA ÇEŞITLERI - ICE CREAM FLAVORS (A1)

Jerry: Merhaba, hoş geldiniz!

Robin: Merhaba.

Jerry: Dondurmamızın tadına bakmak ister misiniz?

Robin: Evet ama hangisinden istediğimi bilmiyorum.

Jerry: Sevdiğiniz bir dondurma çeşidi var mı?

Robin: Evet, var. Çikolatalı, çilekli veya vanilyalı dondurma severim.

Jerry: O zaman çikolatalı, çilekli ve vanilyalı dondurmalarımızı tatmak ister misiniz?

Robin: Evet lütfen. Teşekkür ederim!

Jerry: Buyurun, bu çikolatalı.

Robin: Teşekkürler.

Jerry: Nasıl buldunuz?

Robin: Bence çok tatlı. Şimdi de vanilyalıyı deneyebilir miyim?

Jerry: Elbette. Buyurun.

Robin: Teşekkür ederim.

Jerry: Vanilyalıyı sevdiniz mi?

Robin: Evet, çikolatalıdan daha çok sevdim.

Jerry: Çilekli dondurmanın tadına bakmak ister miydiniz?

Robin: Evet, lütfen. Teşekkür ederim.

Jerry: Buyurun. Çilekli, müşterilerimizin de favorisi.

Robin: Mmm! Bu, çok lezzetli!

Jerry: Harika! Hangi dondurmadan verelim?

Robin: Çilekli dondurmadan alayım lütfen.

Jerry: Külahta mı kupta mı?

Robin: Külahta alayım lütfen. Ne kadar?

Jerry: 3,50$ ediyor.

Robin: Buyurun.

Jerry: Teşekkürler. Afiyet olsun!

ICE CREAM FLAVORS

Jerry: Hello and welcome!

Robin: Hi.

Jerry: Would you like to try some ice cream?

Robin: Yes, but I don't know which one to get.

Jerry: Do you have a favorite ice cream flavor?

Robin: Yes, I do. I like chocolate, strawberry, and vanilla.

Jerry: Would you like to taste our chocolate, strawberry, and vanilla ice creams?

Robin: Yes, please. Thank you!

Jerry: Okay. Here is the chocolate one.

Robin: Thank you.

Jerry: What do you think?

Robin: I think it's too sweet. May I try the vanilla next?

Jerry: Sure. Here you go.

Robin: Thank you.

Jerry: Do you like the vanilla?

Robin: Yes. I like it more than the chocolate.

Jerry: Would you like to try the strawberry ice cream?

Robin: Yes, I would. Thank you.

Jerry: Here you go. The strawberry flavor is a favorite with our customers.

Robin: Mmm! This one is delicious!

Jerry: Great! Which ice cream would you like?

Robin: I will take the strawberry flavor, please.

Jerry: Would you like a cone or a cup?

Robin: I will have a cone, please. How much is it?

Jerry: That'll be $3.50.

Robin: Here you go.

Jerry: Thank you. Enjoy!

3 YENI BIR ARABA SEÇERKEN - CHOOSING A NEW CAR (A1)

Nick: Yeni bir arabaya ihtiyacımız var.

Andrea: Katılıyorum. Nasıl bir araba?

Nick: Ucuz ama güvenli olmalı.

Andrea: Evet. İnternetten bakalım.

Nick: İyi fikir. Şuna bak. 4.000$ ve yalnızca on altı bin kilometrede.

Andrea: Hmm... Çok ucuzmuş. Acaba arabada bir problem mi var?

Nick: Olabilir. Aramaya devam edelim.

Andrea: Burada başka bir seçenek var. Bu araba 3.500$, yüz yedi bin kilometrede. Oldukça iyi görünüyor.

Nick: Evet, öyle. İki kapılı mı, dört kapılı mı?

Andrea: Dört kapılı.

Nick: Yılı ne?

Andrea: 2010 model.

Nick: Çok eski sayılmaz.

Andrea: Yok, değil.

Nick: Ne renk?

Andrea: Gümüş.

Nick: Çok güzel bir renk. Bunu listemize ekleyelim.

Andrea: Tamam. Bu da başka bir araba. 2.700$ ve 101.000 milde.

Nick: Mili çok yüksek.

Andrea: Evet ama bu marka arabalar uzun süre kullanılıyor.

Nick: O da doğru. Araba iyi durumda mı?

Andrea: Arka tamponda hafif bir göçme var. Onun dışında her şeyi iyi görünüyor.

Nick: Tamam, bunu da listemize ekleyelim.

Andrea: İyi fikir.

CHOOSİNG A NEW CAR

Nick: We need a new car.

Andrea: I agree. What kind of car?

Nick: Something cheap but reliable.

Andrea: Yeah. Let's look online.

Nick: Good idea. Look at this one. It's $4,000 and it only has ten thousand miles on it.

Andrea: Hmm… that's so cheap. Maybe the car has a problem?

Nick: Maybe. Let's keep looking.

Andrea: Here is another option. This car is $3,500 with sixty-seven thousand miles. That's pretty good.

Nick: Yeah, that is. Is it a two-door or four-door?

Andrea: It's a four-door.

Nick: What year is it?

Andrea: It's a 2010.

Nick: That's not too old.

Andrea: No, it's not.

Nick: What color is it?

Andrea: Silver.

Nick: Oh, that's a good color. Let's add that car to our list.

Andrea: Okay. And here's another car. It's $2,700 and it has 101,000 miles.

Nick: That's a lot of miles.

Andrea: Yes, but cars from this company last a long time.

Nick: That's true. Is the car in good condition?

Andrea: There is a small dent on the back bumper. But everything else looks good.

Nick: All right, let's add that to our list, too.

Andrea: Sounds good.

4 BIR YAVRU KEDI BULDUM - I FOUND A KITTEN (A1)

Andy: Mira, bak!

Mira: Efendim?

Andy: Buraya gel, şuna bak!

Mira: Ne buldun?

Andy: Yavru kedi!

Mira: Aman Allah'ım! Çok şirin! Annesi nerede acaba?

Andy: Bilmiyorum. O kadar ufak ki.

Mira: Zavallı şey! Haydi, annesini arayalım.

Andy: Tamam. Ben tutarım; böylece etrafa bakabiliriz.

Mira: Tamamdır. Sen bu yöne git, ben şu yöne gideyim. On beş dakika sonra tekrar burada buluşalım.

Andy: İyi fikir.

(On beş dakika sonra...)

Mira: Annesini bulabildin mi?

Andy: Hayır, sen?

Mira: Hayır. "Kayıp yavru kedi" ilanı hazırlayıp etrafa asmalıyız.

Andy: Evet. Senin el yazın iyidir, sen yapmak ister misin?

Mira: Tabii.

Andy: Ben de yavru kedi kaybeden var mı diye sosyal medyayı kontrol edeyim.

Mira: Ben de ilanları hazırlamaya başlayayım!

Andy: Umarım bu kediciğe bir ev buluruz! Bulamazsak onu şehir merkezindeki barınağa götürebiliriz.

Mira: Evet! Böylece kendine güzel bir yuva bulabilir. Umarım kediciğe benim ismimi verip "Mira" derler.

Andy: Ha ha. Belki de öyle yaparlar!

I FOUND A KİTTEN

Andy: Mira, look!

Mira: What?

Andy: Come over here and look at this!

Mira: What did you find?

Andy: It's a kitten!

Mira: Oh my gosh! It's adorable! Where is its mom?

Andy: I don't know. It's so tiny.

Mira: Poor thing! Let's look for its mother.

Andy: Okay. I will hold it and we can look around the area.

Mira: All right. You walk that way and I will walk this way. Let's meet back here in fifteen minutes.

Andy: Good idea.

(Fifteen minutes later…)

Mira: Did you find its mother?

Andy: No. Did you?

Mira: No. We should make "lost kitten" signs and put them up in the neighborhood.

Andy: Yeah. You have good handwriting. Do you want to do that?

Mira: Sure.

Andy: I will check social media to see if anyone has lost a kitten.

Mira: And I'll start making signs!

Andy: I hope we find this kitten's home! If we don't find it, we can take her to the animal adoption center downtown.

Mira: Yes! Then she will find a good home. I hope they name her "Mira" after me.

Andy: Ha ha. Maybe they will!

5 EN IYI PIZZA - THE BEST PIZZA (A1)

Rafaella: New York'ta olduğumuza inanamıyorum!

Mikey: Değil mi!

Rafaella: Bu şehri keşfetmek için sabırsızlanıyorum!

Mikey: Ben de. Şu an çok mutluyum.

Rafaella: Peki, ilk olarak ne yapmak istersin?

Mikey: Ben çok açım. Bir şeyler yiyelim mi?

Rafaella: Harika bir fikir! Ne yemek istiyorsun?

Mikey: New York'ta olduğumuza göre pizza yemeliyiz!

Rafaella: En iyi pizzaların New York'ta olduğunu söylerler.

Mikey: Ben de öyle duydum. Haydi, sokağın karışındaki restorana gidelim.

Rafaella: Pizzanın kokusunu şimdiden alıyorum!

Mikey: Hangi pizzadan söylesem?

Rafaella: Bence peynirli pizza güzel görünüyor.

Mikey: Bence de. Sen ne alacaksın?

Rafaella: Ben pepperoni pizza istiyorum.

Mikey: Kaç dilim alalım?

Rafaella: İki dilim peynirli, iki dilim de pepperonili pizza alalım.

Mikey: İyi fikir! Böylece ikimiz de peynirliyi ve pepperoniliyi deneyebiliriz.

Rafaella: Baksana! Siparişim hazır bile.

Mikey: Hemen şimdi birini deniyorum.

Rafaella: Nasıl?

Mikey: Bu pizza çok lezzetli!

Rafaella: Vay, gerçekten harika!

Mikey: Sanırım bu şimdiye dek yediğim en iyi pizza!

Rafaella: Bence de! Bu pizzaya bayıldım!

THE BEST PİZZA

Rafaella: I can't believe we are here in New York City!

Mikey: I know!

Rafaella: I am so excited to explore this city!

Mikey: Me too. I'm very happy right now.

Rafaella: So, what would you like to do first?

Mikey: I'm very hungry. Should we get food?

Rafaella: That is a great idea! What do you want to eat?

Mikey: We are in New York so we should get pizza!

Rafaella: I heard New York has the best pizza.

Mikey: I heard that too. Let's go to the restaurant across the street.

Rafaella: I can smell the pizza already!

Mikey: Which one should I order?

Rafaella: I think the cheese pizza looks good.

Mikey: I think so, too. What are you going to get?

Rafaella: I will get the pepperoni pizza.

Mikey: How many should we get?

Rafaella: Let's get two slices of the cheese pizza and two slices of the pepperoni pizza.

Mikey: Good idea! We can both try a cheese pizza and a pepperoni pizza.

Rafaella: Look! Our order is ready.

Mikey: I'm going to try one now.

Rafaella: How is it?

Mikey: This pizza is delicious!

Rafaella: Wow, this is amazing!

Mikey: I think this is the best pizza I've ever had!

Rafaella: I think so, too! I love this pizza!

6 YENI EV ARKADAŞI - NEW ROOMMATE (A1)

Liz: Merhaba Derek!

Derek: Selam Liz! Nasılsın?

Liz: İyiyim ama biraz stres oldum.

Derek: Neden?

Liz: Hemen bir ev arkadaşı bulmam gerek.

Derek: Sarah taşındı mı?

Liz: Evet. Los Angeles'ta iş buldu.

Derek: Ah, bu harika! Yani onun için...

Liz: Evet, onun için! Mükemmel bir ev arkadaşıydı. Onun gibisini nasıl bulacağımı hiç bilmiyorum.

Derek: Belki onun kadar mükemmel birini bulamazsın ama iyi birini bulabilirsin!

Liz: Umarım. Ev arayan birini tanıyor musun?

Derek: Hmm... Arkadaşım Rebecca'ya sorarım. Şehir merkezine daha yakın bir yerde yaşamak istiyordu. Sana haber veririm!

Liz: Tamam! Çok teşekkürler Derek!

(Üç gün sonra...)

Derek: Selam Liz. Hala ev arkadaşı arıyor musun?

Liz: Evet!

Derek: Rebecca'yla konuştum, senin evine taşınma fikrine sıcak bakıyor. Önce seninle bir konuşup evi görmek istiyor.

Liz: Bu harika! Elbette. Numaramı verebilirsin.

Derek: Vereceğim. Yalnız bir sorun var.

Liz: Hayırdır inşallah! Nedir?

Derek: Bir kedisi var. Senin kedilerden nefret ettiğini biliyorum.

Liz: Iyy.

Derek: Evet ya...

Liz: Peki... Bari kedi uslu mu?

Derek: Aslına bakarsan uslu. Kedisi gerçekten müthiş; kendini köpek sanıyor.

Liz: Ciddi misin?

Derek: Evet.

Liz: Tamam, Rebecca ve kedisiyle tanışalım. Kim bilir, belki de kedileri sevmeye başlarım!

Derek: Ha ha, evet! Açık fikirli olmak lazım. Sonuçta, bir ev arkadaşına gerçekten ihtiyacın var.

Liz. Haklısın, öyle yapacağım.

NEW ROOMMATE

Liz: Hi, Derek!

Derek: Hey, Liz! How are you?

Liz: I'm good, but I'm a little stressed.

Derek: Why?

Liz: I need to find a new roommate quickly.

Derek: Did Sarah move out?

Liz: Yeah. She got a job in L.A.

Derek: Oh, that's great! For her…

Liz: Yeah, for her! She was the perfect roommate. I don't know how I will find someone as good as her.

Derek: Well, maybe you won't find the perfect roommate, but you can find someone good!

Liz: I hope so. Do you know anyone who needs a place to live?

Derek: Hmm… I'll ask my friend Rebecca. She wants to live closer to the city. I'll let you know soon!

Liz: Okay! Thanks so much, Derek!

(Three days later…)

Derek: Hey, Liz. Are you still trying to find a roommate?

Liz: Yes!

Derek: I talked to Rebecca and she said she is interested in living with you. She wants to talk to you and see the apartment.

Liz: That's great news! Sure. Give her my number.

Derek: I will. There's only one problem.

Liz: Uh oh. What is it?

Derek: She has a cat. I know you hate cats.

Liz: Ugh.

Derek: Yeah…

Liz: Well… is the cat nice?

Derek: Actually, yes. The cat is really cool. It acts like a dog.

Liz: Really?

Derek: Yes.

Liz: Okay. I'll meet Rebecca and the cat. Who knows? Maybe I will start to like cats!

Derek: Ha ha, yes! Keep an open mind. You really need a roommate.

Liz. You're right. I will.

7 BIR YAZ PIKNIĞI - A SUMMER PICNIC (A1)

June: Güney Kaliforniya'da yaşamaya bayılıyorum. Burada yazlar çok güzel!

Paolo: Aynı fikirdeyim. Bugün hava çok güzel.

June: Tam dışarıda olma havası. Bana katılmak ister misin?

Paolo: Elbette, ne yapmak istiyorsun?

June: Piknik yapalım mı? Piknik sepetim ve sofram var.

Paolo: Harika. Parka gidebiliriz.

June: Parka gitmek, çok iyi bir fikir! Yanımızda yiyecek ne götürelim?

Paolo: Sandviç yiyebiliriz.

June: Fırından taze ekmek alabilirim.

Paolo: Bende domuz salam ve hindi salam var. Ayrıca marul ve domatesim de var.

June: Evinde hardal var mı?

Paolo: Hayır, senin evinde?

June: Yok. Hardal alırım.

Paolo: Mayonez sever misin?

June: Evet, mayonezin var mı?

Paolo: Evet, var. Mayonezi ben getiririm.

June: Piknikte ne içmek istersin?

Paolo: Hmmm… Sanırım su ve kola?

June: Suyum var ama kolam yok.

Paolo: Evde kola var. Sen suyu getir, ben kolayı getiririm.

June: Kulağa harika geliyor!

Paolo: Parkta kaçta buluşalım?

June: Sabah 10'da buluşabiliriz.

Paolo: Tamam, orada görüşürüz!

A SUMMER PİCNİC

June: I love living in southern California. The summers here are so nice!

Paolo: I agree. The weather is beautiful today.

June: I want to do something outside today. Would you like to join me?

Paolo: Sure. What do you want to do?

June: I want to have a picnic. I already have a picnic basket and a picnic blanket.

Paolo: Perfect. We can go to the park.

June: The park sounds great! What should we eat at our picnic?

Paolo: We should eat sandwiches.

June: I can buy fresh bread at the bakery.

Paolo: I have ham and sliced turkey. I also have lettuce and tomatoes.

June: Do you have mustard at home?

Paolo: No. Do you?

June: No. I will buy the mustard.

Paolo: Do you like mayonnaise?

June: Yes. Do you have mayonnaise?

Paolo: Yes, I do. I will bring the mayonnaise.

June: What would you like to drink at our picnic?

Paolo: Hmmm... maybe water and soda?

June: I have water but I don't have soda.

Paolo: I have soda at home. You can bring the water and I will bring the soda.

June: That sounds good.

Paolo: What time should we meet at the park?

June: We should meet at 10 a.m.

Paolo: Okay, I'll see you there!

8 NERELISIN? - WHERE ARE YOU FROM? (A1)

Ollie: Merhaba. İsmim Olivia ama bana Ollie diyebilirsin.

Frank: Merhaba Ollie. Ben Frank. Tanıştığıma memnun oldum.

Ollie: Ben de memnun oldum.

Frank: Nerelisin?

Ollie: İngiltere. Sen?

Frank: Ben Alaska'dan geliyorum.

Ollie: Alaska mı? Alaska'nın fotoğraflarını görmüştüm, çok güzel bir yer.

Frank: Evet, çok güzel. Sen İngiltere'nin neresindensin?

Ollie: Alfriston denen ufak bir kasabadan. Londra'nın iki iki buçuk saat dışarısında.

Frank: Anladım. Alfriston nasıl bir yer?

Ollie: Çok şirin ve eski. Binaların çoğu 1300'lerden kalma.

Frank: Ah, harika.

Ollie: Evet, kasaba gerçekten büyüleyici. Geleneksel İngiliz barları da var.

Frank: Kulağa harika geliyor. Bir gün mutlaka görmek isterim!

Ollie: Kesinlikle gitmelisin! Peki, sen Alaska'nın neresindensin?

Frank: Anchorage, Alaska'nın en büyük şehri.

Ollie: Orada kaç kişi yaşıyor?

Frank: Sanırım yaklaşık üç yüz bin kişi.

Ollie: Ah, azmış.

Frank: Ha ha, evet. Alaska'nın nüfusu çok fazla değil.

Ollie: Anchorage'da eğlenmek için ne yapılır?

Frank: Alaska Yerli Miras Merkezi'ni ziyaret edebilirsin. Alaska yerlileri hakkında bilgi veren bir müze. Ayrıca Earthquake Parkı, Glen Alpleri Yolu ve Woronzof Burnu gibi seyahat edebileceğin harika yerler var.

Ollie: Oraların fotoğrafı var mı?

Frank: Evet! Sana göstereyim.

WHERE ARE YOU FROM?

Ollie: Hi. I'm Olivia, but you can call me Ollie.

Frank: Hey, Ollie. I'm Frank. Nice to meet you.

Ollie: Nice to meet you, too.

Frank: Where are you from?

Ollie: England. What about you?

Frank: I'm from Alaska.

Ollie: Oh, Alaska? I've seen pictures of Alaska. It's beautiful there.

Frank: It's very beautiful. Where in England are you from?

Ollie: A small town called Alfriston. It's about two and a half hours outside of London.

Frank: I see. What is Alfriston like?

Ollie: It's really cute and old. Many of the buildings are from the 1300s.

Frank: Oh, wow.

Ollie: Yeah, the town is really charming. There are some traditional English pubs there, too.

Frank: Sounds great. I would love to see it someday!

Ollie: You should go! So, where in Alaska are you from?

Frank: Anchorage, the biggest city.

Ollie: How many people live there?

Frank: I think almost three hundred thousand

Ollie: Wow. That's kind of small.

Frank: Ha ha, yeah. Alaska's population isn't very big.

Ollie: What are some fun things to do in Anchorage?

Frank: You can visit the Alaska Native Heritage Center. It is a museum about the indigenous people of Alaska. There are also some beautiful places you can drive to, like Earthquake Park, Glen Alps Trailhead, and Point Woronzof.

Ollie: Do you have pictures of those places?

Frank: Yes! I'll show you.

9 HAYDI, YOLCULUĞA ÇIKALIM - LET'S TAKE A ROAD TRIP (A1)

Keegan: Sıkıldım.

Jennie: Ben de.

Keegan: Ne yapalım?

Jennie: Bilmiyorum.

Keegan: Hmm...

Jennie: Bir yerlere gitmek istiyorum.

Keegan: Nereye?

Jennie: Bilmiyorum. Arabayla bir yerlere gitmek istediğimi biliyorum ama.

Keegan: Harika bir fikir! Hadi bir yolculuğa çıkalım!

Jennie: Çok iyi olur. Nereye gidelim?

Keegan: Bilmiyorum. Bence kuzeye gitmeliyiz.

Jennie: Tamam. Sahil şeridi boyunca ilerleyip San Francisco'yu ziyaret edebiliriz.

Keegan: Bu fikri sevdim. Monterey'de de durabiliriz!

Jennie: Evet! Monterey Akvaryumu'nu görmek istiyordum.

Keegan: Ben de. Monterey Akvaryumu'ndaki su samurlarını görmek istiyorum.

Jennie: Su samurları çok şirin!

Keegan: Bence de.

Jennie: Ne zaman gitmek istersin?

Keegan: Hemen gitmek istiyorum. Sen hemen çıkabilir misin?

Jennie: Tabii! Yolculuk için atıştırmalık almamız gerekecek ama.

Keegan: Ne tür atıştırmalık istersin?

Jennie: Kurutulmuş et ve patates cipsi istiyorum.

Keegan: Kurutulmuş et, araba yolculukları için şahane olur!

Jennie: Katılıyorum.

Keegan: Çok heyecanlıyım!

Jennie: Hadi gidelim!

LET'S TAKE A ROAD TRİP

Keegan: I'm bored.

Jennie: Me too.

Keegan: What can we do?

Jennie: I don't know.

Keegan: Hmm...

Jennie: I want to go somewhere.

Keegan: Where?

Jennie: I'm not sure. I know I want to drive somewhere.

Keegan: Great idea! Let's go on a road trip!

Jennie: That sounds good. Where should we go?

Keegan: I don't know. I think we should drive north.

Jennie: Okay. We can drive along the coast and visit San Francisco.

Keegan: I like that idea. We can also stop at Monterey!

Jennie: Yes! I want to go to the Monterey Aquarium.

Keegan: Me too. I want to see the sea otters at the Monterey Aquarium.

Jennie: Sea otters are so cute!

Keegan: I agree.

Jennie: When do you want to go?

Keegan: I want to go right now. Can you go right now?

Jennie: Yep! We need snacks for the road trip though.

Keegan: Which snacks would you like?

Jennie: I want to get beef jerky and potato chips.

Keegan: Beef jerky is perfect for road trips!

Jennie: I agree.

Keegan: I'm so excited!

Jennie: Let's go!

10 BAHÇEDE MANGAL - BACKYARD BBQ (A1)

Jill: Selam Wilson. Nasılsın?

Wilson: Merhaba komşum! İyiyim, sen nasılsın?

Jill: İyiyim, teşekkürler! Bu hafta sonu için bir planın var mı?

Wilson: Hayır, hafta sonu evdeyim. Sen ne yapacaksın?

Jill: Tim bahçede mangal yapmak istiyor. Sen de bize katılmak ister misin?

Wilson: Çok isterim! Ne zaman?

Jill: Cumartesi öğlen.

Wilson: Harika! Mangal partisinde hangi yiyecekler olacak?

Jill: Sosis, hamburger ve tavuk barbekü yapacağız.

Wilson: Ağzımın suyu aktı!

Jill: Umarım güzel olur.

Wilson: Benim bir şey getirmemi ister misin?

Jill: Evet, gelen herkes için salata ya da tatlı getirebilirsin.

Wilson: Tamam, o iş bende. Mangala kaç kişi gelecek?

Jill: Sanırım on beş kişi falan.

Wilson: Çok kalabalıkmış!

Jill: Evet, bir sürü arkadaşımızı davet ettik.

Wilson: Bir arkadaşımı getirebilir miyim?

Jill: Elbette, kimi?

Wilson: İsmi Mary. Onunla süpermarkette tanıştım.

Jill: Ah, harika! Ondan hoşlanıyor musun?

Wilson: Evet, hoşlanıyorum. Onunla tanışmanızı isterim.

Jill: Kulağa hoş geliyor. Senin adına heyecanlıyım!

Wilson: Teşekkür ederim.

Jill: Rica ederim! Şimdi eve gitmem lazım ama cumartesi görüşürüz.

Wilson: Evet, bu cumartesi görüşürüz! Şimdiden sabırsızlanıyorum.

Jill: Ben de. Hoşça kal!

Wilson: Sonra görüşürüz.

BACKYARD BBQ

Jill: Hi, Wilson. How are you doing?

Wilson: Hi there, neighbor! I'm doing well. How are you?

Jill: Fine, thanks! Do you have plans this weekend?

Wilson: No. I'm staying home this weekend. What about you?

Jill: Tim wants to have a barbecue in our backyard. Would you like to come to our barbeque?

Wilson: I would love to! When is it?

Jill: Saturday at noon.

Wilson: Great! Which foods will you have at the barbecue?

Jill: We will have hot dogs, hamburgers, and barbecued chicken.

Wilson: That sounds delicious!

Jill: I hope so.

Wilson: Should I bring anything?

Jill: Yes, you can bring a salad or dessert for everyone.

Wilson: I'll do that. How many people are coming to the barbeque?

Jill: I think about fifteen.

Wilson: That is a lot of people!

Jill: Yes, we invited many of our friends.

Wilson: May I bring a friend?

Jill: Sure, who is it?

Wilson: Her name is Mary. I met her at the supermarket.

Jill: Oh, wow! Do you like her?

Wilson: Yes, I do. I want you to meet her.

Jill: That sounds good. I'm excited for you!

Wilson: Thank you.

Jill: You're welcome! I have to go home now, but I will see you this Saturday.

Wilson: Yes, see you this Saturday! I'm looking forward to it.

Jill: Me too. Goodbye!

Wilson: See you later.

11 İKINCI BIR "ILK BULUŞMA" - A SECOND FIRST DATE (A1)

Darius: Merhaba, Cassandra sen misin?

Cassandra: Evet! Sen de Darius olmalısın?

Darius: Evet, tanıştığıma memnun oldum!

Cassandra: Ben de memnun oldum. Günün nasıl geçti?

Darius: Oldukça yoğundu. Senin günün nasıldı?

Cassandra: Benimki de yoğundu.

Darius: Öyleyse umarım açsındır.

Cassandra: Açım ve yemek yemek için hazırım.

Darius: Harika! Ne yemek istersin?

Cassandra: Balık güzel görünüyor bence.

Darius: Bence de balık güzel görünüyor. Balık sipariş edelim.

Cassandra: Tamam!

Darius: Bana biraz kendinden bahseder misin? Ne işle meşgulsün?

Cassandra: Bir hukuk firmasında çalışıyorum, avukatım.

Darius: Ah, harika. İşini seviyor musun?

Cassandra: Çok zor bir iş ama avukatlığa bayılıyorum. Firmamı da çok seviyorum.

Darius: Firmanla ilgili neleri seviyorsun?

Cassandra: Orada çalışan herkes nazik. Ayrıca yirmi farklı türde kahve yapan bir kahve makinemiz var.

Darius: Vay! Bir saniye... Bu kahve makinesi beyaz mı?

Cassandra: Evet, nasıl bildin?

Darius: Patronun kahve makinesini tüm çalışanlar için mi aldı?

Cassandra: Evet... Dur biraz. Sen bankada mı çalışıyordun?

Darius: Evet...

Cassandra: Seninle daha önce çıkmış mıydık?

Darius: Evet... Sanırım çıkmıştık. Bu çok garip oldu. Ne diyeyim, seninle tekrar tanıştığıma memnun oldum!

Cassandra: Şey, ben de tekrar tanıştığıma memnun oldum!

A SECOND FIRST DATE

Darius: Hey. Are you Cassandra?

Cassandra: Yes! Are you Darius?

Darius: Yes, nice to meet you!

Cassandra: Nice to meet you, too. How was your day?

Darius: Pretty busy. How was your day?

Cassandra: Mine was busy, too.

Darius: Well, I hope you're hungry.

Cassandra: I'm hungry and ready to eat.

Darius: Great! What would you like to eat?

Cassandra: I think the fish looks good.

Darius: I think the fish looks good, too. I'll order the fish for us.

Cassandra: Okay!

Darius: So tell me about yourself. What do you do for work?

Cassandra: I work at a law firm. I'm a lawyer.

Darius: Oh, cool. Do you like your job?

Cassandra: It's very hard, but I love being a lawyer. I also love my firm.

Darius: What do you love about your firm?

Cassandra: Everyone is very nice at my firm. Also, we have a coffee machine that makes twenty different kinds of coffee drinks.

Darius: Wow! Wait… is this coffee machine white?

Cassandra: Yes, how did you know?

Darius: Did your boss buy the coffee machine for everyone?

Cassandra: Yes… wait. Do you work at a bank?

Darius: Yes…

Cassandra: Did we go on a date before?

Darius: Yes… I think we did. This is awkward. Well, nice to meet you again!

Cassandra: Uh, nice to meet you again, too!

12 KIMINLE YAŞIYORSUN? - WHO DO YOU LIVE WITH? (A1)

Lorenzo: Merhaba Elena. Yorgun musun?

Elena: Evet, biraz. Dün gece pek iyi uyuyamadım.

Lorenzo: Gerçekten mi? Neden?

Elena: Kız kardeşimin bebeği bütün gece ağladı.

Lorenzo: Olamaz, bu kimse için eğlenceli olmasa gerek.

Elena: Hayır, hiç de değil.

Lorenzo: Bebek ne kadarlık?

Elena: Üç aylık.

Lorenzo: Ah, çok küçükmüş! Elbette küçük bebekler çok ağlar.

Elena: Evet. Yalnız yaşamak istiyorum ama bu şehirdeki evler çok pahalı.

Lorenzo: Evet, öyle.

Elena: Sen kiminle yaşıyorsun?

Lorenzo: Arkadaşım Matteo ile. İki odalı bir evdeyiz.

Elena: Harika. O, iyi bir ev arkadaşı mı?

Lorenzo: Evet, gerçekten iyi bir ev arkadaşı fakat çok horluyor!

Elena: Gerçekten mi?

Lorenzo: Evet. Neredeyse her gece kulak tıkacı takıyorum. Bazen çok iyi uyuyamıyorum.

Elena: Demek aynı dertten muzdaribiz! Benim ev arkadaşımın bebek olması dışında.

Lorenzo: Ha ha, doğru! Umarım birkaç aya, ev arkadaşın bu kadar çok ağlamayı bırakır. Matteo'nun horlamasının duracağından emin değilim!

Elena: Umarım! Yine de yeğenimi çok seviyorum. O çok sevimli bir bebek.

Lorenzo: Onunla bu kadar vakit geçirebildiğin için çok şanslısın.

Elena: Biliyorum.

Lorenzo: Tamam, benim gitmem gerekiyor. Umarım bu akşam uyuyabilirsin!

Elena: Umarım!

WHO DO YOU LIVE WITH?

Lorenzo: Hey, Elena. Are you tired?

Elena: Yeah, a little. I didn't sleep much last night.

Lorenzo: Really? Why not?

Elena: My sister's baby was crying all night.

Lorenzo: Oh, no. That's not fun for anyone.

Elena: No, it's not.

Lorenzo: How old is the baby?

Elena: He's three months.

Lorenzo: Oh, he's super young! Yeah, babies cry a lot at that age.

Elena: Yep. I want to live alone but apartments in this city are so expensive.

Lorenzo: Yes, they are.

Elena: Who do you live with?

Lorenzo: My friend Matteo. We have a two-bedroom apartment.

Elena: Cool. Is he a good roommate?

Lorenzo: Yeah, he's a really good roommate. But he snores loudly!

Elena: Oh, he does?

Lorenzo: Yeah. I wear ear plugs almost every night. Sometimes I don't sleep very well.

Elena: So we have a similar problem! Except my roommate is a baby.

Lorenzo: Ha ha, true! And hopefully in a few months your roommate will stop crying so much. I don't know if Matteo will stop snoring!

Elena: I hope so! I love my nephew, though. He's so cute.

Lorenzo: You're lucky that you can spend so much time with him.

Elena: I know.

Lorenzo: Okay, well, I have to go. I hope you can sleep tonight!

Elena: Me too!

13 EN SEVDIĞIM ÖĞRETMENİM - MY FAVORITE TEACHER (A1)

Carrie: Merhaba Rajesh. Nasılsın?

Rajesh: Selam Carrie. Oldukça iyiyim. Sen neler yapıyorsun?

Carrie: Lise fotoğraflarıma bakıyorum.

Rajesh: Harika, birkaçını ben de görebilir miyim?

Carrie: Elbette.

Rajesh: Bu kızlar kim?

Carrie: Onlar, arkadaşlarım Alana ve Rachel. Lisedeki en iyi arkadaşlarım onlardı.

Rajesh: Ne güzel! Hala arkadaş mısınız?

Carrie: Evet. Alana, Portland'da yaşıyor; o yüzden onu sürekli görüyorum. Rachel'ı ise geçen hafta gördüm. New York'ta yaşıyor ama Portland'a ailesini ziyarete geldi, biz de yemek yedik. Onu yılda bir ya da iki kez görüyorum ve bu yüzden onu görmek güzel oldu.

Rajesh: Harikaymış. Çoğu lise arkadaşım farklı şehirdeler, bu nedenle onları çok sık göremiyorum.

Carrie: Ah, bu çok kötü.

Rajesh: Evet ama yine iletişim halindeyiz. Yani sorun yok.

Carrie: Sevindim.

Rajesh: Bu adam kim?

Carrie: O, Bay Byrne. Fotoğrafçılık öğretmenimdi.

Rajesh: Fotoğrafçılık dersi mi alıyordun?

Carrie: Evet! Lisedeyken fotoğraf çekmeye bayılırdım. Aslına bakarsan ben sanat okulunda okudum.

Rajesh: Öyle mi?

Carrie: Evet ama iki sene sonra bölüm değiştirdim. Fotoğrafçılığı zevkine yapmaya karar verdim, iş olarak değil.

Rajesh: Bence bu isabetli olmuş. Bay Bryne ile hala görüşüyor musun?

Carrie: Aslında, evet! Benim en sevdiğim öğretmenim oydu! Fotoğrafçılığı onun sayesinde sevdim.

Rajesh: Bu harika! Ben en sevdiğim öğretmenimle irtibatı kopardım ama öğretmenim olduğu için ona minnettarım.

Carrie: Öğretmenler harika oluyorlar.

Rajesh: Evet, öyleler!

MY FAVORİTE TEACHER

Carrie: Hey, Rajesh. How are you?

Rajesh: Hi, Carrie. I'm pretty good. What are you up to?

Carrie: I'm looking at pictures from high school.

Rajesh: Oh, cool. Can I see some?

Carrie: Sure.

Rajesh: Who are those girls?

Carrie: Those are my friends, Alana and Rachel. They were my best friends in high school.

Rajesh: Nice! Are you still friends with them?

Carrie: Yeah. Alana lives in Portland, so I see her all the time. And I saw Rachel last week. She lives in New York but she came back to Portland to visit her family, and we all had dinner. I only see her once or twice a year, so it was nice to see her.

Rajesh: That's awesome. Most of my friends from high school live in different cities so I don't see them very often.

Carrie: Aw, that's too bad.

Rajesh: Yeah, but we keep in touch, so it's okay.

Carrie: Good.

Rajesh: Who's that guy?

Carrie: That's Mr. Byrne. He was my photography teacher.

Rajesh: Oh, you took photography?

Carrie: Yep! I loved photography in high school. I actually studied art in college.

Rajesh: You did?

Carrie: Yeah, but I changed majors after two years. I decided I only wanted to do photography for fun, not as a job.

Rajesh: That was probably a good idea. Do you still talk to Mr. Byrne?

Carrie: Actually, yes! He was my favorite teacher! I love photography because of him.

Rajesh: That's so cool! I didn't keep in touch with my favorite teacher, but I am very grateful for her.

Carrie: Teachers are amazing.

Rajesh: Yes, they are!

14 SAHILDE YÜRÜYÜŞ - A WALK ON THE BEACH (A1)

Lynn: Harika bir gün!

Adamu: Evet öyle. Sahilde yürüyüş yapmak için mükemmel bir gün!

Lynn: Sahile yakın oturduğumuz için çok şanslıyız.

Adamu: Evet, buraya daha sık gelmeliyiz.

Lynn: Evet, öyle. Ayaklarımın altında kumları hissetmeye bayılıyorum.

Adamu: Ben de ama bazen kum çok sıcak oluyor!

Lynn: Doğru. Şu an güzel ama.

Adamu: Evet.

Lynn: Biraz midye kabuğu toplayacağım.

Adamu: Eğlenceli olur. Ben biraz yüzeceğim. Su çok davetkâr duruyor.

Lynn: Tamam! Dikkatli ol!

Adamu: Çok açılmam. Yalnızca birkaç dakika yüzmek istiyorum. Ayrıca, iyi bir yüzücüyüm.

Lynn: Tamamdır.

(On dakika sonra...)

Adamu: Kendime geldim! Güzel midye kabukları buldun mu?

Lynn: Evet, birkaç tane buldum. Şuna bir bak.

Adamu: Ah, harika! Rengarenk.

Lynn: Su soğuk muydu?

Adamu: İlk girdiğimde soğuktu ama sonra iyi geldi. Dalgalar biraz sert yalnız.

Lynn: Evet, öyle görünüyor!

Adamu: Kurumak için biraz kumda oturacağım.

Lynn: Tamam. Ben biraz daha midye kabuğu bakacağım. Birazdan gelirim!

Adamu: İyi eğlenceler!

A WALK ON THE BEACH

Lynn: It's such a beautiful day!

Adamu: Yes, it is. A perfect day for a walk on the beach!

Lynn: We're so lucky that we live close to the beach.

Adamu: Yeah. We should come more often.

Lynn: Yes, we should. I love the feeling of the sand under my feet.

Adamu: Me too. But sometimes the sand is hot!

Lynn: True. It feels nice right now, though.

Adamu: Yeah.

Lynn: I think I will collect some shells.

Adamu: That sounds fun. I think I will go for a swim. The water looks so inviting.

Lynn: Okay! Be careful!

Adamu: I won't go out very far. I just want to swim for a couple minutes. And I'm a good swimmer.

Lynn: All right.

(Ten minutes later…)

Adamu: That was so refreshing! Did you find some good shells?

Lynn: Yes, a few. Look at this one.

Adamu: Oh, that's cool! It's so colorful.

Lynn: Was the water cold?

Adamu: It was cold at first, but then it felt good. The waves were a little strong, though.

Lynn: Yeah, they looked strong!

Adamu: I will sit on the sand for a while so I can dry off.

Lynn: Okay. I will look for some more shells. I will be back soon!

Adamu: Have fun!

15 DIL ÖĞRENMENIN EN IYI YOLLARI - BEST WAYS TO LEARN A LANGUAGE (A1)

Mitchell: Japoncamı geliştirmek istiyorum.

Lacey: Japonca konuşabiliyor musun?

Mitchell: Evet, biraz.

Lacey: Bunu bilmiyordum.

Mitchell: Japonca öğrenmeye üç dört yıl önce başladım.

Lacey: Gerçekten mi? Neden?

Mitchell: Dilini ve kültürünü çok seviyorum. Çocukken Japonya'ya gitmiştim. Sonrasında Japonya hep ilgimi çekti.

Lacey: Çok ilginç. Japoncayı nasıl öğreniyorsun?

Mitchell: İnternet üzerinden ders alıyorum ve telefonumda bir uygulama var. Ama pek ilerlediğim söylenemez.

Lacey: Japonca film veya TV programı izliyor musun?

Mitchell: Bazen.

Lacey: Belki daha sık izlemelisin.

Mitchell: Deniyorum. Ama bazen diyalogları anlamak zor oluyor.

Lacey: Japonca alt yazılarla izlemeyi dene, böylece Japonca okurken aynı anda dinleyebilirsin de. Bu, hem dinleme hem de konuşma becerilerinin gelişmesine yardımcı olur.

Mitchell: Bu, iyi bir fikir. Başka ne yapmalıyım?

Lacey: Hiç Japonlarla konuşuyor musun?

Mitchell: Pek sayılmaz.

Lacey: Bir arkadaşım Japon-İngiliz dil ve kültür değişim programı grubunda. Sen de gruba katılmalısın. Ayda bir kez buluşup İngilizce ve Japonca pratik yapıyorlar.

Mitchell: Ah, bu harika bir fikir!

Lacey: Senin için detayları öğrenirim!

BEST WAYS TO LEARN A LANGUAGE

Mitchell: I want to improve my Japanese.

Lacey: You speak Japanese?

Mitchell: Yes, a little.

Lacey: I didn't know that.

Mitchell: I started learning Japanese three or four years ago.

Lacey: Really? Why?

Mitchell: I love the language and the culture. I went to Japan when I was a child. After that, I have always been interested in Japan.

Lacey: That's interesting. How do you study Japanese?

Mitchell: I take an online course and I have an app on my phone. But I'm not really getting better.

Lacey: Do you watch Japanese movies or TV shows?

Mitchell: Sometimes.

Lacey: Maybe you should watch them more often.

Mitchell: I try to. But sometimes it's hard to understand the dialogue.

Lacey: Try watching with Japanese subtitles. Then you can read Japanese and listen at the same time. Doing that will help both your listening and your speaking skills.

Mitchell: That's a good idea. What else should I do?

Lacey: Do you ever speak to Japanese people?

Mitchell: Not really.

Lacey: My friend is in a Japanese and English language and cultural exchange group. You should join the group. They meet once a month and practice English and Japanese.

Mitchell: Oh, that sounds perfect!

Lacey: I will get the information for you!

16 O SES NEYDI? - WHAT'S THAT SOUND? (A1)

Claire: O ses neydi?

Ernesto: Hangi ses?

Claire: Duymuyor musun?

Ernesto: Hayır...

Claire: Bir kurbağa sesine benziyor.

Ernesto: Kurbağa mı?

Claire: Evet.

Ernesto: Ben bir şey duymuyorum.

Claire: Ama ses çok yüksek!

Ernesto: Belki de olmayan sesler duyuyorsun!

Claire: Hayır, belki kulakların iyi işitmiyor!

Ernesto: Kulaklarım müthiş işitir.

Claire: İşte! Tekrar duydum.

Ernesto: Hmm... Onu duydum. Haklısın. Kurbağa sesine benziyor.

Claire: Ya! Sana demiştim!

Ernesto: İyi de, biz şehirde yaşıyoruz, burada hiç kurbağa olmaz ki.

Claire: Belki biri besliyordu ve onun evinden kaçtı.

Ernesto: Haydi, kurbağayı arayalım.

Claire: Tamam!

Ernesto: Sen binanın arkasına bak. Ben binanın önüne bakacağım.

Claire: Binanın arkası ürkütücü. Ben binanın önüne bakacağım.

Ernesto: Tamam. Telefonundaki feneri kullan.

Claire: İyi fikir.

Ernesto: Onu buldum!

Claire: Buldun mu?

Ernesto: Ah, bekle, hayır. Bu bir taş.

Claire: Sanırım onu buldum!

Ernesto: Aman Allah'ım! Görüyorum onu!

Claire: Çok tatlı! Bizimle kalabilir mi?

Ernesto: Hayır, evcil olmayan hayvanlar bizimle kalamazlar, sevimli olsalar bile.

Claire: Aman, tamam. Yine de eğlenceli bir doğa yürüyüşü oldu!

Ernesto: Ha ha, evet, öyle oldu!

WHAT'S THAT SOUND?

Claire: What's that sound?

Ernesto: What sound?

Claire: You don't hear that?

Ernesto: No…

Claire: It sounds like a frog.

Ernesto: A frog?

Claire: Yeah.

Ernesto: I don't hear anything.

Claire: But it's loud!

Ernesto: Maybe you're imagining the sound.

Claire: No, maybe you just have bad hearing!

Ernesto: My hearing is amazing.

Claire: There! I heard it again.

Ernesto: Hmm… I heard that. You're right. It sounds like a frog.

Claire: Aha! I told you!

Ernesto: But we live in the city. There are no frogs here.

Claire: Maybe it was someone's pet and it escaped from their house.

Ernesto: Let's look for it.

Claire: Okay!

Ernesto: You look behind the building. I'll look in front of the building.

Claire: It's scary behind the building. I'll look in front.

Ernesto: Fine. Use the flashlight on your phone.

Claire: Good idea.

Ernesto: I found it!

Claire: You did?!

Ernesto: Oh, wait, no. That's just a rock.

Claire: I think I found it!

Ernesto: Oh my gosh! I see it!

Claire: He's so cute! Can we keep him?

Ernesto: No, we can't keep wild animals, even if they are cute.

Claire: Ugh, fine. Well, this was a fun nature walk!

Ernesto: Ha ha, yes it was!

17 KOŞMAK ZORDUR - RUNNING IS HARD (A1)

Kylie: Benimle koşuya gelmek ister misin, Marcus?

Marcus: Hmm... pek sayılmaz.

Kylie: Neden?

Marcus: Koşmayı sevmiyorum.

Kylie: Öyle mi? Ama fit görünüyorsun.

Marcus: Evet, spor salonuna gidip ağırlık çalışıyorum. Bazen de basketbol oynuyorum ama uzun mesafe koşularını sevmiyorum.

Kylie: Benimle gelirsen yavaş koşarız ve çok sık mola veririz.

Marcus: Hmm... Tamam. Geleyim.

Kylie: Yaşasın!

Marcus: Ne zaman gideceksin?

Kylie: Şimdi.

Marcus: Gerçekten mi? Tamam. Koşu ayakkabılarımı giyeyim.

Kylie: Anlaştık.

Marcus: Hazırım!

Kylie: Haydi gidelim!

Marcus: Hey, yavaşla!

Kylie: Yavaş gidiyorum!

Marcus: Daha yavaş gidebilir misin?

Kylie: Daha fazla yavaşlarsak yürümeye başlarız.

Marcus: Ihh, koşmak zor!

Kylie: Başlangıçta zor ama giderek kolaylaşıyor. Haftada iki-üç kez kısa mesafe koşmayı denemelisin. Sonra çok daha kolay hale gelecek.

Marcus: Tamam, denerim.

Kylie: Sen de ağırlık çalışmamda bana yardım edersin. Birbirimize yardım edebiliriz.

Marcus: Anlaştık!

RUNNİNG İS HARD

Kylie: Do you want to go running with me, Marcus?

Marcus: Umm… not really.

Kylie: Why not?

Marcus: I don't like running.

Kylie: You don't? But you're in good shape.

Marcus: Yeah, I go to the gym and lift weights. And I play basketball sometimes. But I don't like running long distances.

Kylie: If you go with me, we can run slowly and take lots of breaks.

Marcus: Hmm… okay. I'll go.

Kylie: Yay!

Marcus: When are you going?

Kylie: Now.

Marcus: Ah, really? Okay. Let me put my running shoes on.

Kylie: All right.

Marcus: Ready!

Kylie: Let's go!

Marcus: Hey, slow down!

Kylie: I am going slowly!

Marcus: Can you go more slowly?

Kylie: If we go more slowly, we will be walking.

Marcus: Ugh, running is hard!

Kylie: It's hard in the beginning. But it gets easier. You should try to run two or three times a week, just short distances. And then it will get easier.

Marcus: Okay, I'll try that.

Kylie: And you can help me lift weights. We can help each other.

Marcus: Deal!

18 KURABIYE YAPMAK - BAKING COOKIES (A1)

Betty: Uzun zamandır kurabiye yapmadık.

Duncan: Haklısın. Canım şimdi kurabiye istiyor.

Betty: Benim de.

Duncan: Kurabiye yapmak ister misin?

Betty: Elbette!

Duncan: Neli yapalım?

Betty: İki farklı türde yapabilir miyiz?

Duncan: Elbette! Hangileri?

Betty: Çikolata parçacıklı ve tarçınlı.

Duncan: Harika. Un ya da şekerimiz var mı?

Betty: Hayır, yok. Dondurucuda dondurulmuş kurabiye hamuru var.

Duncan: Mükemmel! Onu pişirmek kolay.

Betty: İşte, burada. Fırın tepsin var mı?

Duncan: Evet, burada. Al bakalım.

Betty: Harika! Şimdi, fırını çalıştırabilir misin?

Duncan: Evet.

Betty: Fırını altmış beş santigrat dereceye getirir misin?

Duncan: Tamam. Kurabiye hamuru için yardıma ihtiyacın var mı?

Betty: Olur! Bıçakla ufak bir parça kes.

Duncan: Tamamdır. Sonra?

Betty: O ufak parçayı topak haline getir ve ardından tepsiye yerleştir.

Duncan: Tamam. Kurabiye hamurunu yiyebilir miyiz?

Betty: Hayır.

Duncan: Ama çok lezzetli!

Betty: Sağlığın için iyi değil!

BAKING COOKIES

Betty: We haven't baked cookies in a long time.

Duncan: You're right. I want cookies now.

Betty: Me too.

Duncan: Do you want to bake some?

Betty: Sure!

Duncan: What kind of cookies should we bake?

Betty: Can we bake two different kinds?

Duncan: Sure! Which kinds?

Betty: I want chocolate chip cookies and snickerdoodles.

Duncan: Awesome. Do we have any flour or sugar?

Betty: No, we don't. I have frozen cookie dough in the freezer.

Duncan: Perfect! Those are easy to bake.

Betty: Here you go. Do you have a baking pan?

Duncan: Yes, I do. Here it is.

Betty: Great! Now, can you turn on the oven?

Duncan: Yes.

Betty: Can you heat the oven to three hundred fifty degrees Fahrenheit?

Duncan: Okay. Do you want help with the cookie dough?

Betty: Sure! Cut a small piece with a knife.

Duncan: Got it. What now?

Betty: Make a ball with that small piece. Then, put the ball on the baking pan.

Duncan: Okay. Can we eat the cookie dough?

Betty: No.

Duncan: But the cookie dough is so delicious!

Betty: It's not good for you!

19 BALINALARI IZLEYELIM - WHALE WATCHING (A1)

Janina: Bugün balina izleme turuna gideceğimiz için çok heyecanlıyım!

Crisanto: Ben de.

Janina: Birkaç sene önce çıktığımız balina izleme turunu hatırlıyor musun? Beş altı tane balina görmüştük!

Crisanto: Harikaydı. Belki bu sene de şansımız yaver gider ve yine bir sürü balina görürüz!

Janina: Umarım.

Crisanto: Ceketini aldın mı? Biraz soğuk olacak.

Janina: Evet, atkımı ve eldivenlerimi de getirdim.

Crisanto: İyi yapmışsın. Tekne hareket ediyor! Başlıyoruz!

Janina: Yaşasın! Ayrıca, umarım yunusları da görürüz. Geçen sefer bir sürü de yunus görmüştük!

Crisanto: Evet, biliyorum. Yunusları çok seviyorum.

Janina: Ben de. Galiba en sevdiğim hayvan yunus.

Crisanto: Balinalardan da mı çok seviyorsun?

Janina: Evet.

Crisanto: Şşş. Yüksek sesle söyleme. Balinalar üzülecek.

Janina: Hay Allah, tamam.

(30 dakika sonra...)

Crisanto: Şuraya bak!

Janina: Nereye?

Crisanto: Şu tarafa!

Janina: Bir şey görmüyorum!

Crisanto: Orada.

Janina: Gördüm! Süper!

Crisanto: İki balina bir arada! Görünüşe göre bize el sallıyorlar!

Janina: Ha ha. Merhaba balinalar!

Crisanto: Her sene balina izlemeye gelmeliyiz!

Janina: Katılıyorum!

WHALE WATCHING

Janina: I'm so excited to go whale watching today!

Crisanto: I am, too.

Janina: Do you remember when we went whale watching a few years ago? We saw five or six whales!

Crisanto: That was so cool. Maybe we will be lucky again and see lots of whales today!

Janina: I hope so.

Crisanto: Did you bring your jacket? It will be a little cold.

Janina: Yes, and I brought a scarf and gloves, too.

Crisanto: Good. Oh, the boat is moving! Here we go!

Janina: Yay! I also hope we see dolphins. We saw so many dolphins last time!

Crisanto: I know. I love dolphins.

Janina: Me too. I think they are my favorite animal.

Crisanto: More than whales?

Janina: Yeah.

Crisanto: Shh. Don't say that so loud. The whales will be sad.

Janina: Oops, okay.

(30 minutes later…)

Crisanto: Look!

Janina: Where?

Crisanto: Over there!

Janina: I don't see anything!

Crisanto: It's there.

Janina: I see it! So cool!

Crisanto: There are two whales together! And it looks like they're waving to us!

Janina: Ha ha. Hi, whales!

Crisanto: We should go whale watching every year!

Janina: I agree!

20 UZUN BİR UÇUŞ - A LONG FLIGHT (A1)

Joanna: Off, bu uçuş için hiç hevesli değilim.

Fred: Neden?

Joanna: Çünkü on saat sürüyor!

Fred: Evet ama uyuyabilirsin.

Joanna: Uçakta uyuyamıyorum.

Fred: Uyuyamıyor musun?

Joanna: Hayır. Sen uyuyabiliyor musun?

Fred: Evet, gayet güzel uyurum.

Joanna: Ben uyuyamam. Çok rahatsız hissediyorum.

Fred: Uzun uçuşlarda ne yapıyorsun peki?

Joanna: Kitap okurum, film izlerim.

Fred: Sıkılmaz mısın?

Joanna: Sıkılırım elbette; fakat uçaklarda harika filmler var artık. Geçen seneki uçuşumda dört film izledim.

Fred: Vay. Epey film izlemişsin. Ne tür filmler izledin?

Joanna: Bir aksiyon filmi, iki drama filmi ve de hüzünlü bir film izledim. Uçaklarda hüzünlü filmler izlememeye çalışıyorum çünkü çok ağlıyorum!

Fred: Ha ha, gerçekten mi?

Joanna: Evet, çok utanç verici.

Fred: Ben de uçakta uyuduğumda horluyorum! Bence hormalak, ağlamaktan daha utanç verici.

Joanna: Evet, galiba sen kazandın! Şimdi daha iyi hissediyorum.

Fred: Ha ha. Yardımcı olabildiğime sevindim!

A LONG FLİGHT

Joanna: Ugh, I'm not excited about this flight.

Fred: Why not?

Joanna: Because it's ten hours long!

Fred: Yeah. But you can just sleep.

Joanna: I can't sleep on planes.

Fred: Really?

Joanna: No. Can you?

Fred: Yeah, I can sleep pretty well.

Joanna: I can't. I'm too uncomfortable.

Fred: What do you do on long flights?

Joanna: I read books and watch movies.

Fred: Do you get bored?

Joanna: Yeah, of course. But planes have pretty good movies these days. I watched four movies on my flight last year.

Fred: Wow. That's a lot of movies! What kind of movies did you watch?

Joanna: An action movie, two dramas, and one sad movie. I try not to watch sad movies on planes because I cry a lot!

Fred: Ha ha, really?

Joanna: Yeah. It's embarrassing.

Fred: Well, sometimes I snore when I sleep on planes! I think that's more embarrassing than crying.

Joanna: Yes, I think you win! I feel better now.

Fred: Ha ha. I'm glad I helped!

21 TEST ZAMANI - TAKING TESTS (A1)

Gabrielle: Merhaba Luca. Ne yapıyorsun?

Luca: Merhaba, Gabrielle. Çalışıyorum. Sende ne var ne yok?

Gabrielle: Şimdi ders arasındayım, o yüzden oturup biraz müzik dinleyeceğim.

Luca: Çok iyi. Ben de rahatlamak istiyorum ama çalışmam gerekiyor.

Gabrielle: Ne çalışıyorsun?

Luca: Çin tarihi.

Gabrielle: Ah, zor bir konu gibi.

Luca: Evet. Aslında güzel ama birazcık zor. Hatırlamam gereken çok fazla yer ve isim var!

Gabrielle: Ne tür bir test olacak?

Luca: Çoktan seçmeli, kısa cevaplar ve kompozisyon.

Gabrielle: Hiç kolay değil gibi!

Luca: Hayır, değil... Profesör iyi ama dersi zor. Yine de çok şey öğreniyorum.

Gabrielle: Harika. Test ne kadar sürecek?

Luca: Bir buçuk saat.

Gabrielle: Test sırasında notlarına bakabilecek misin?

Luca: Hayır. Her şeyi ezberlememiz gerekiyor.

Gabrielle: Anladım.

Luca: Testlerden hep iyi not alıyorsun. Bunu nasıl başarıyorsun?

Gabrielle: Ha ha, her zaman değil! Bilmiyorum. Sanırım çok çalışıyorum.

Luca: Ben de çok çalışıyorum ama bazen kötü notlar alıyorum. Testlerde iyi değilim.

Gabrielle: İstersen sana biraz çalışma tüyosu verebilirim. Belki yardımcı olur.

Luca: Çok isterim!

TAKİNG TESTS

Gabrielle: Hey, Luca. What are you doing?

Luca: Hi, Gabrielle. I'm studying. What about you?

Gabrielle: I have a break between classes now, so I will sit and listen to some music.

Luca: Cool. I want to relax too, but I have to study.

Gabrielle: What are you studying?

Luca: Chinese history.

Gabrielle: Oh, that sounds hard.

Luca: Yeah. It's cool, but it's a little difficult. There are so many places and names to remember!

Gabrielle: What kind of test is it?

Luca: Multiple choice, short answer, and writing.

Gabrielle: That doesn't sound easy!

Luca: No… the professor is good but her class is tough. I'm learning a lot though.

Gabrielle: That's cool. How long is the test?

Luca: An hour and a half.

Gabrielle: Can you look at your notes during the test?

Luca: No. We have to memorize everything.

Gabrielle: I see.

Luca: You always get good grades on tests. How do you do it?

Gabrielle: Ha ha, not always! I don't know. I guess I study a lot.

Luca: I study a lot, too, but I get bad grades sometimes. I'm not good at tests.

Gabrielle: I can give you some study tips if you want. Maybe they will help you.

Luca: I would love that!

22 SPOR SALONUNA GIDELIM - LET'S GO TO THE GYM (A1)

Ron: Merhaba Leslie. Şu an meşgul müsün?

Leslie: Merhaba Ron. Hayır değilim. Ne var ne yok?

Ron: Spor salonuna gitmek istiyorum. Benimle gelir misin?

Leslie: Bilmem. Salon üyeliğim yok.

Ron: Benim de yok. Spor salonuna kaydolmayı düşünüyorum.

Leslie: Tamam.

Ron: Birlikte kaydolalım!

Leslie: Olur! Hangi salona kaydolmak istiyorsun?

Ron: Emin değilim. Antrenman yapmak istiyorum ama eğlenceli bir antrenman olmalı.

Leslie: Kaya tırmanışını seviyor musun?

Ron: Bilmiyorum. Hiç kaya tırmanışına gitmedim.

Leslie: Geçen hafta yeni bir kaya tırmanışı salonu açıldı.

Ron: Harika! Salona kaydolmam için kaya tırmanışında iyi olmam mı gerekiyor?

Leslie: Hayır, gerekmiyor. İsteyen herkes katılabilir.

Ron: Üyelik ne kadar?

Leslie: Galiba üyelik aylık otuz dolar. Ayrıca ilk haftası ücretsiz!

Ron: Bu harika! Kaya tırmanışını sevdiğini bilmiyordum.

Leslie: Evet, seviyorum! O zaman kaya tırmanışı salonuna kaydolalım mı?

Ron: Tamam! Tırmanış ayakkabılarına ihtiyacım olacak mı?

Leslie: Hayır, spor ayakkabısı giyebilirsin.

Ron: Özel kıyafetler lazım mı?

Leslie: Hayır, lazım değil. Normal spor kıyafeti giyebilirsin.

Ron: Tamam. Bu çok heyecan verici!

Leslie: Öyle! Gitmeye hazır mısın?

Ron: Evet, hadi gidelim!

LET'S GO TO THE GYM

Ron: Hi, Leslie. Are you busy right now?

Leslie: Hi, Ron. No, I'm not. What's up?

Ron: I want to go to the gym. Will you come with me?

Leslie: I don't know. I don't have a gym membership.

Ron: I don't either. I'm thinking of joining a gym.

Leslie: Okay.

Ron: Let's join one together!

Leslie: Sure! Which gym do you want to join?

Ron: I'm not sure. I want to exercise, but I want a fun workout.

Leslie: Do you like rock climbing?

Ron: I don't know. I have never gone rock climbing.

Leslie: A new rock-climbing gym opened up last week.

Ron: That's cool! Do I have to be good at rock climbing to join?

Leslie: No, you don't. Anyone can join.

Ron: How much is the membership?

Leslie: I think the membership is about thirty dollars a month. Also, the first week is free!

Ron: That's amazing! I didn't know you liked rock climbing.

Leslie: I do! Should we join the rock-climbing gym?

Ron: Okay! Do I need rock climbing shoes?

Leslie: No. You can wear sneakers.

Ron: Do I need special clothes?

Leslie: No, you don't. You can wear normal exercise clothes.

Ron: Okay. This is exciting!

Leslie: It is! Are you ready to go?

Ron: Yeah, let's do it!

23 PARIS SEYAHATIMIZ - OUR TRIP TO PARIS (A1)

Rachelle: Merhaba Cesar!

Cesar: Hey, nasılsın? Tatil fotoğraflarını gördüm! Harikalardı!

Rachelle: Öyleydi! Eve dönmek istemedim.

Cesar: Hiç şaşırmadım. Harika şeyler yapmışsın! Louvre ve Montmarte fotoğraflarına bayıldım.

Rachelle: Teşekkürler. Seyahat sırasında beş yüze yakın fotoğraf seçtim. Fotoğraflardan sadece bazılarını sosyal medyaya koydum ama tüm fotoğraflardan oluşan bir albüm yapacağım. Daha sonra gelip bakabilirsin.

Cesar: Çok isterim! Yemekler de harika görünüyordu. Çok kıskandım.

Rachelle: İnanamazsın. Sanki cennetteydim. Şarap ve peyniri nasıl sevdiğimi bilirsin.

Cesar: Bana da şarap getirdin mi?

Rachelle: Bavulumda yer yoktu! Ama bana geldiğinde ikram ederim ve birlikte fotoğraflara bakarız.

Cesar: Harika! Paris halkı sıcak kanlı mıydı?

Rachelle: Evet. Çoğu kişi çok nazikti.

Cesar: Nerede kaldınız?

Rachelle: 11. Arrondissment'te kaldık.

Cesar: 11. ne?

Rachelle: Ha ha, arrondissment. Semt gibi.

Cesar: Süper. Nasıldı?

Rachelle: Müthişti. Kaldığımız mahallede harika restoranlar vardı.

Cesar: Anladım, seyahatin hakkında daha fazlasını duymak için sabırsızlanıyorum!

Rachelle: Evet, yakında sana fotoğrafları göstereceğim!

OUR TRİP TO PARİS

Rachelle: Hi, Cesar!

Cesar: Hey, how are you? I saw the pictures of your vacation! It looked amazing!

Rachelle: It was! I didn't want to come home.

Cesar: I'm not surprised. You did so many cool things! I loved your pictures of the Louvre and Montmartre.

Rachelle: Thanks. I took about five hundred pictures on the trip. I only put some of them on social media, but I will make an album with all the photos. You can come over and look at it.

Cesar: I would love to! The food looked so good, too. I'm so jealous.

Rachelle: Oh my gosh. I was in heaven. You know I love wine and cheese.

Cesar: Did you bring me some wine?

Rachelle: I didn't have room in my suitcase! But you can have some when you come over and look at the pictures.

Cesar: Great! Were the local people friendly?

Rachelle: Yes. Most people were super nice.

Cesar: Where did you stay?

Rachelle: We stayed in the 11th arrondissement.

Cesar: The 11th a-what?

Rachelle: Ha ha, arrondissement. They're like neighborhoods.

Cesar: Oh, cool. How was it?

Rachelle: It was awesome. There were great restaurants in our neighborhood.

Cesar: Well, I can't wait to hear more about your trip!

Rachelle: Yes, I'll show you pictures soon!

24 ÇOK SICAK - IT'S TOO HOT (A1)

Carla: Ay, yazları hiç sevmiyorum.

Zhang-wei: Neden?

Carla: Çok sıcak.

Zhang-wei: Evet. Özellikle bu şehirde hava çok sıcak.

Carla: Finlandiya'ya taşınmak istiyorum.

Zhang-wei: Ha ha, gerçekten mi?

Carla: Evet, tabii. Ama Fince bilmiyorum. Belki Kuzey Kanada'ya taşınırım.

Zhang-wei: Oralar eminim çok güzeldir.

Carla: Evet, peki senin en sevdiğin mevsim ne?

Zhang-wei: Ben yazı çok seviyorum.

Carla: Ciddi misin?

Zhang-wei: Evet ama çok sıcak olduğunda alışveriş merkezleri ya da kahve dükkanları gibi klimalı yerlerde takılıyorum.

Carla: Ben alışveriş merkezine gitmemeye çalışıyorum çünkü orada ne zaman uzun süre vakit geçirsem tüm paramı harcıyorum!

Zhang-wei: Ha ha, haklısın. Alışveriş merkezine giderken kredi kartlarımı evde bırakıyorum böylece yanıma aldığım nakit paradan fazlasını harcayamıyorum.

Carla: Vay, bu gerçekten çok iyi bir fikir. Sanırım ben de böyle yapacağım.

Zhang-wei: Evet, Kanada'da yaşarken yanına Kanada doları alırsın. Sıcaklamazsın *ve* paradan çok tasarruf edersin!

Carla: Bu fikri giderek sevmeye başladım! Teşekkürler Zhang-wei! Ha ha.

Zhang-wei: Rica ederim! Seni Kanada'da ziyaret edebilir miyim?

Carla: Elbette! İstediğin kadar bende kalabilirsin.

Zhang-wei: Harika!

IT'S TOO HOT

Carla: Ugh, I don't like the summer.

Zhang-wei: Why not?

Carla: It's too hot.

Zhang-wei: Yeah. It's especially hot in our city.

Carla: I want to move to Finland.

Zhang-wei: Ha ha, really?

Carla: Well, yes. But I don't speak Finnish. So maybe I'll move to northern Canada.

Zhang-wei: I'm sure it's beautiful.

Carla: Yep. So, what's your favorite season?

Zhang-wei: I love the summer, actually.

Carla: Really?

Zhang-wei: Yes. But when it's too hot I just hang out somewhere with air conditioning, like the mall or a coffee shop.

Carla: I try not to go to the mall so much, because whenever I'm there for a long time, I spend all my money!

Zhang-wei: Ha ha, true. I leave my credit cards at home when I go to the mall, so I can't spend more than the cash I bring with me.

Carla: Oh, wow. That's a really good idea. I think I will do that.

Zhang-wei: Yeah, when you live in Canada, you can take your Canadian dollars to the mall. You won't be hot *and* you will save a lot of money!

Carla: This idea is sounding better and better! Thanks, Zhang-wei! Ha ha.

Zhang-wei: No problem! Can I visit you in Canada?

Carla: Of course! You can stay at my place as long as you would like.

Zhang-wei: Great!

25 İYI UYKU YÖNTEMLERI - SLEEPING STYLES (A1)

Irina: Merhaba Wes. Harika görünüyorsun! Saçını mı kestirdin?

Wes: Teşekkür ederim! Hayır, kestirmedim. Sadece çok iyi uyudum. Belki bu nedenle farklı görünüyorumdur?

Irina: Evet, belki! İyi dinlenmiş gibisin!

Wes: Hadi canım, iyi uyudum *ve* iyi mi görünüyorum? Bu bence geçirdiğim en güzel gün.

Irina: Yani, iyi uyumana sevindim. Normalde kaç saat uyuyorsun?

Wes: Belki beş ya da altı saat. Bugünlerde yoğunum o yüzden uyumak zor oluyor.

Irina: Evet, yeni bir işe başladın, değil mi?

Wes: Evet. İlk maaşımla bir yatak almaya karar verdim ve bu yatağa bayılıyorum!

Irina: Ciddi misin? Neden bayılıyorsun?

Wes: Çünkü hem yumuşak hem de sert dokunun mükemmel bir birleşimini yapmışlar. Çok rahat. Ayrıca yeni yastıklar da aldım.

Irina: Kulağa harika geliyor. Benim yatağım çok eski! Belki de bu yüzden çok iyi uyuyamıyorum.

Wes: Belki! Yeni bir yatağın iyi uyumaya bu kadar yardımcı olduğunu fark etmemiştim.

Irina: Vay be. Belki ben de yeni bir yatak almalıyım!

Wes: Şiddetle tavsiye ederim!

SLEEPİNG STYLES

Irina: Hi, Wes. You look great! Did you get a haircut?

Wes: Oh, thanks! No, I didn't. I slept really well. Maybe that's why I look different?

Irina: Yes, maybe! You look well-rested!

Wes: Wow, I got enough sleep *and* I look good? This is the best day ever.

Irina: Well I'm happy you got some sleep. How many hours of sleep do you usually get?

Wes: Maybe five or six hours. I am so busy these days, so it's hard to sleep.

Irina: Yeah, you just started a new job, right?

Wes: Yes. And I decided to buy a new mattress with my first paycheck. And I love it!

Irina: Oh, really? Why do you love it?

Wes: It's the perfect combination of soft and firm. It's so comfortable. And I got some new pillows too.

Irina: That sounds amazing. My mattress is so old! Maybe that's why I don't sleep very well.

Wes: Maybe! I didn't realize that a new mattress can help you sleep so well.

Irina: Wow. Maybe I should buy a new mattress!

Wes: I highly recommend it!

26 MAĞAZAYA ÜRÜN IADE EDERKEN - RETURNING AN ITEM TO THE STORE (A2)

Divya: Merhaba, size nasıl yardımcı olabilirim?

Mikhail: Bu gömleği iade etmek istiyordum.

Divya: Tamam. Gömlekte bir sorun mu vardı?

Mikhail: Evet. Aldıktan sonra sağ kolunda ufak bir delik olduğunu fark ettim.

Divya: Anladım. Bunu duyduğuma üzüldüm. Faturanız yanınızda mı?

Mikhail: Hayır. Sorun da bu. Faturayı çöpe attım.

Divya: Anlıyorum. Şey, fiyat etiketi hala üzerinde; yani sorun yok. Genellikle iadeler için fatura istiyoruz ancak gömlekte sorun olduğu ve fiyat etiketi hala üzerinde olduğu için iadeyi kabul edeceğiz.

Mikhail: Çok teşekkür ederim.

Divya: Ne demek, yaşadığınız rahatsızlıktan dolayı üzgünüz.

Mikhail: Önemli değil. Bu mağazayı seviyorum; müşterilerinize her zaman iyi bir hizmet sunuyorsunuz.

Divya: Teşekkürler! Gömleği almak için kullandığınız kredi kartı yanınızda mı?

Mikhail: Evet, buyurun.

Divya: Teşekkürler. Kartı buraya yerleştirebilirsiniz.

Mikhail: Tamam.

Divya: Ekrandan şurayı imzalayın.

Mikhail: Para kartıma mı iade edilecek?

Divya: Evet. Yirmi dört saat içinde iade alacaksınız. Fatura ister misiniz?

Mikhail: Evet lütfen! Bu sefer çöpe atmayacağım.

Divya: Ha ha, harika! İyi günler dileriz!

Mikhail: Teşekkürler, iyi günler!

RETURNING AN ITEM TO THE STORE

Divya: Hello, how can I help you?

Mikhail: I would like to return this shirt.

Divya: Okay. Was something wrong with the shirt?

Mikhail: Yes. I noticed after I bought it that there is a small hole on the right sleeve.

Divya: I see. I'm sorry to hear about that. Do you have the receipt?

Mikhail: No. That's the problem. I threw away the receipt.

Divya: Oh, I see. Well, the price tag is still on it, so that's good. Usually we require the receipt for returns. But because there was a problem with the shirt and the price tag is still on it, we will accept the return.

Mikhail: Thanks so much.

Divya: Of course. I'm sorry for the inconvenience.

Mikhail: It's fine. I like this store and you guys always have good customer service.

Divya: Thank you! Do you have the credit card that you used to buy the shirt?

Mikhail: Yes, here it is.

Divya: Thank you. You can insert the card here.

Mikhail: Okay.

Divya: And sign right there on the screen.

Mikhail: Will the money go back onto my card?

Divya: Yes. You will get a refund within twenty-four hours. Would you like a receipt?

Mikhail: Yes, please! And this time I won't throw it away.

Divya: Ha ha, good! Have a good day!

Mikhail: Thanks; you too.

27 MANAV ALIŞVERIŞI - AT THE GROCERY STORE (A2)

Seo-yeon: Nelere ihtiyacımız var?

Max: Marul, domates, soğan, elma, yoğurt, hardal…

Seo-yeon: Meyve ve sebzelerden başlayalım. Kaç domates lazım?

Max: Dört.

Seo-yeon: Tamam.

Max: İşte sana dört domates.

Seo-yeon: Bu olgunlaşmamış.

Max: Şimdi fark ettim. Bu nasıl?

Seo-yeon: O iyi. Kaç soğana ihtiyacımız var?

Max: Yalnızca bir tane.

Seo-yeon: Kırmızı mı sarı mı?

M ax: Hmmm… Kırmızı.

Seo-yeon: Hangi marulu alıyoruz?

Max: Kaşık marul alalım.

Seo-yeon: Tamam. Az kalsın unutuyordum, havuç ve maydanoz da alalım.

Max: Evde maydanozumuz var.

Seo-yeon: Var mı?

Max: Evet.

Seo-yeon: Hala iyi durumda mı?

Max: Sanırım.

Seo-yeon: Harika. Elmalar da burada.

Max: Birkaç tane alayım.

Seo-yeon: Perşembe ve cuma akşam yemeği için bir şeyler alalım mı?

Max: Evet, ne alalım?

Seo-yeon: Makarna ve biraz tavuğa ne dersin?

Max: Ne tür makarna olsun?

Seo-yeon: Penne?

Max: Tamam, olur. Ne sosu yapalım?

Seo-yeon: Baharatlı domates sosu yapalım.

Max: Ah, harika olur. Tavuğu nasıl yapacağız?

Seo-yeon: Tavuk göğsü üzerine tatlı ekşi sos, parmesan ve birkaç basit baharatla yapılan bir tarif görmüştüm.

Max: Harika! O tarifteki gibi yapalım öyleyse.

Seo-yeon: Süper! Haydi, malzemeleri alalım.

AT THE GROCERY STORE

Seo-yeon: What do we need?

Max: Lettuce, tomatoes, onions, apples, yogurt, mustard…

Seo-yeon: Let's start with the fruits and veggies. How many tomatoes do we need?

Max: Four.

Seo-yeon: Okay.

Max: Here are four tomatoes.

Seo-yeon: That one isn't ripe.

Max: Oh, I see. What about this one?

Seo-yeon: That one's good. How many onions do we need?

Max: Just one.

Seo-yeon: Red or yellow?

Max: Umm… red.

Seo-yeon: And what kind of lettuce?

Max: Let's get romaine.

Seo-yeon: All right. Oh, let's get some carrots and celery too.

Max: We already have celery at home.

Seo-yeon: We do?

Max: Yeah.

Seo-yeon: And it's still good?

Max: I think so.

Seo-yeon: Great. There are the apples.

Max: I'll get a few.

Seo-yeon: Should we get stuff for dinner on Thursday and Friday?

Max: Yeah, what should we get?

Seo-yeon: Maybe pasta and some chicken?

Max: What kind of pasta?

Seo-yeon: Penne?

Max: Okay, sure. What kind of sauce should we make?

Seo-yeon: Let's do a spicy tomato sauce.

Max: Ooh, that sounds good. And what should we do with the chicken?

Seo-yeon: I saw a recipe for chicken breasts with sour cream, Parmesan cheese, and a few simple seasonings. It's very easy to make.

Max: Sounds good! Let's make that.

Seo-yeon: Perfect! Let's get the ingredients.

28 EV ARAYIŞI - LOOKING FOR APARTMENTS (A2)

Lina: Ev bakmamız lazım.

Vicente: Tamam. Hangi semtlere bakacağız?

Lina: North Park, Hillcrest ve Normal Heights civarına odaklanmalıyız bence.

Vicente: South Park'a ne dersin?

Lina: Bence South Park biraz pahalı. İnternetteki sitelere bir bakalım.

Vicente: İyi fikir.

Lina: Şu eve bak. Bir odası ve kocaman bir salonu var. Aylık da sadece 1.300$.

Vicente: Ucuzmuş. Nerede?

Lina: North Park'ta. Bir de sitenin havuzu var!

Vicente: Çok güzel! Köpeklere izin veriliyor mu?

Lina: Hay aksi. Onu unuttum. Bizim bir köpeğimiz var ya!

Vicente: Bunu nasıl unutabilirsin?!

Lina: Bilmiyorum. Hmm... Bir başka daire daha var. Bu, Hillcrest'te ve köpeklere izin var; ama havuzu yok.

Vicente: Sorun değil, havuza ihtiyacımız yok. Kirası ne kadar?

Lina: Aylık 1.450$.

Vicente: Biraz pahalıymış.

Lina: Evet, öyle ama bulunduğu muhit çok güzel ve eve ait iki arabalık park yeri var.

Vicente: Aa, bu iyi. O civarda park yeri bulmak zor olabiliyor!

Lina: Evet, doğru.

Vicente: İletişime geçelim mi?

Lina: Evet, geçelim. Şimdi bir e-posta göndereyim.

Vicente: Harika! Ama başka evlere bakmaya devam edelim.

Lina: Evet, iyi fikir.

LOOKING FOR APARTMENTS

Lina: We need to look for an apartment.

Vicente: Okay. What neighborhoods should we look in?

Lina: I think we should focus on North Park, Hillcrest, and Normal Heights.

Vicente: What about South Park?

Lina: I think South Park is a little too expensive. Let's look at some websites.

Vicente: Good idea.

Lina: Look at this apartment. It's a one-bedroom with a big living room. And it's only $1,300 a month.

Vicente: That's cheap. Where is it?

Lina: It's in North Park. And the apartment complex has a pool!

Vicente: Oh, nice! Does it allow dogs?

Lina: Oh, oops. I forgot about that. We have a dog!

Vicente: How could you forget that?!

Lina: I don't know. Hmm... here is another apartment. This one is in Hillcrest and it allows dogs. But it doesn't have a pool.

Vicente: That's okay. We don't need a pool. How much is the rent?

Lina: It's $1,450 a month.

Vicente: That's a little expensive.

Lina: Yeah, it is. But the area is really nice and the apartment has two parking spaces too.

Vicente: Oh, that's good. Parking can be difficult in that neighborhood!

Lina: Yes, that's true.

Vicente: Should we contact them?

Lina: Yes, we should. I'll send them an email now.

Vicente: Great! But let's keep looking for more apartments.

Lina: Yes, good idea.

29 SAĞLIKLI BESLENME - EATING HEALTHILY (A2)

Catherine: Daha sağlıklı gıdalarla beslenmek istiyorum.

Greg: Ama zaten sağlıklı yiyecekler tüketiyorsun, öyle değil mi?

Catherine: Hiç de değil! Çok abur cubur yiyorum, yeteri kadar meyve ve sebze tüketmiyorum.

Greg: Ama daha gençsin. Sağlıklı gıdalar tüketmeye biraz daha yaşlandığında başlayabilirsin.

Catherine: Hayır, hemen başlamak önemli.

Greg: Peki, ne yiyeceksin?

Catherine: Kahvaltıda yulaf ezmesi, meyve ya da yoğurt yiyeceğim. Belki de biraz çay içerim.

Greg: Çok tatsız.

Catherine: Bir sürü lezzetli meyve ve yoğurt çeşidi var! Yulaf ezmesi biraz tatsız ama meyve ve esmer şeker eklerim. Daha lezzetli olur.

Greg: Anladım. Peki öğle yemeğinde ne yiyeceksin?

Catherine: Salata, sebze, belki biraz pilav.

Greg: Salatayla doyacak mısın?

Catherine: Evet, büyük bir porsiyon olursa.

Greg: Akşam yemeğinde ne yiyeceksin?

Catherine: Sebze, tavuk, bezelye ve salata... Bu tarz şeyler.

Greg: Ben tavuk severim!

Catherine: Ben de.

Greg: Hmm... Belki ben de kısa süreliğine sağlıklı beslenmeyi deneyebilirim.

Catherine: Ciddi misin? Ama çoğu sağlıklı yiyeceğin tatsız olduğunu düşünüyorsun.

Greg: Evet ama bana ilham veriyorsun. Ben de senin gibi sağlıklı olmak istiyorum.

Catherine: Ha ha, vay canına! Tamam... Birlikte sağlıklı olalım!

Greg: Yuppi!

EATİNG HEALTHİLY

Catherine: I want to eat more healthy foods.

Greg: But you already eat healthy foods, right?

Catherine: No way! I eat so much junk food. And I don't eat enough fruits and vegetables.

Greg: But you're young. You can start eating more healthy foods later when you're older.

Catherine: No, it's important to start now.

Greg: Okay. So, what will you eat?

Catherine: Well, for breakfast I will eat oatmeal or fruit or yogurt. And maybe drink some tea.

Greg: That sounds boring.

Catherine: There are many delicious fruits and yogurts! Oatmeal is a little boring, but I add fruit and brown sugar to it. That makes it tastier.

Greg: I see. What will you eat for lunch?

Catherine: Salad, vegetables, maybe some rice.

Greg: Will you feel full after eating salad?

Catherine: Yes, if it is big.

Greg: And what will you eat for dinner?

Catherine: Vegetables, chicken, beans, salad… things like that.

Greg: Oh, I like chicken!

Catherine: Me too.

Greg: Hmm… maybe I'll try this healthy diet for a short time.

Catherine: Really? But you think most healthy food is boring.

Greg: Yeah, but you are inspiring me. I want to be healthy like you.

Catherine: Ha ha wow! Okay… let's get healthy together!

Greg: Woohoo!

30 DÜĞÜN PLANLAMA - PLANNING A WEDDING (A2)

Sara: Düğümüz için çok heyecanlıyım!

Patrick: Ben de!

Sara: Düğünü planlamak için önümüzde yalnızca bir yıl var, o yüzden hemen işe koyulmamız lazım.

Patrick: Bir yıl çok uzun bir süre!

Sara: Hiç de değil! Zaman çok çabuk geçiyor.

Patrick: Hmm, evet. Peki, ilk olarak ne yapmalıyız?

Sara: Öncelikle, ne kadar büyük bir düğün istediğimizi konuşalım. Kaç kişiyi davet etmeliyiz?

Patrick: Hmm, sanırım iki yüz kişi?

Sara: İki yüz mü?! Bu çok fazla!

Patrick: Gerçekten mi? Bu normal bir sayı değil mi?

Sara: Bence yüz yüz elli civarı normal.

Patrick: Tamam, belki yüz elli kişi.

Sara: Peki nerede evlenmek istiyorsun? Sahilde? Parkta? Otelde?

Patrick: Hep sahilde evlenmek istemişimdir.

Sara: Ben de! Gördün mü? İşte seni bu yüzden seviyorum. Ne tür yemekler sunalım?

Patrick: Biftek ve suşi istiyorum!

Sara: Biftek ve suşi mi? Bunlar biraz pahalıya patlar bence!

Patrick: Haklısın... O zaman belki sadece biftek?

Sara: Hmmm... Bunu sonra konuşalım. Peki, müzik?

Patrick: DJ istiyorum, böylece tüm gece dans edebiliriz!

Sara: Tüm arkadaşlarının ve ailenin seni dans ederken görmelerini istediğine emin misin?

Patrick: Ha ha, ne demek istiyorsun?

Sara: Seninle harika kalbin ve kişiliğin için evleniyorum, dans yeteneğin için değil!

Patrick: Off, bu sert oldu!

PLANNİNG A WEDDİNG

Sara: I'm so excited for our wedding!

Patrick: Me too!

Sara: We only have a year to plan it, so we should start planning now.

Patrick: A year is a long time!

Sara: Not really! It will go very fast.

Patrick: Hmm, yeah. So, what should we do first?

Sara: Let's talk about the size of the wedding. How many people should we invite?

Patrick: Hmm, maybe two hundred?

Sara: Two hundred?! That's so many!

Patrick: Really? That's normal, right?

Sara: I think one hundred or one hundred fifty is more normal.

Patrick: All right. Maybe one hundred fifty.

Sara: And where do you want to get married? The beach? A park? A hotel?

Patrick: I have always wanted to get married at the beach.

Sara: Me too! See? This is why I love you. What kind of food should we serve?

Patrick: I want steak and sushi!

Sara: Steak and sushi? I think that will be expensive!

Patrick: Okay… maybe just steak?

Sara: Hmmm… let's talk about that later. What about music?

Patrick: I want a DJ so we can dance all night!

Sara: Are you sure you want all your friends and family to see you dance?

Patrick: Ha ha, what are you saying?

Sara: Well, I'm marrying you for your wonderful heart and personality, not for your dancing skills!

Patrick: Ouch!

31 SAÇIMI KESTIRMEM GEREKIYOR - I NEED A HAIRCUT (A2)

Yesenia: Saçımı kestirmem gerekiyor.

Matthew: Bence saçın iyi görünüyor.

Yesenia: Evet, kötü görünmüyor ama çok uzadı.

Matthew: Ne kadar kestireceksin?

Yesenia: Yalnızca birkaç santim.

Matthew: Çok fazla değilmiş. Hazır kesim için para veriyorken bence daha büyük bir değişiklik yapmalısın.

Yesenia: Ama çok fazla bir değişiklik istemiyorum!

Matthew: O zaman neden kestirmek istiyorsun?

Yesenia: Çünkü saçlarımı sağlıklı tutmak istiyorum.

Matthew: Anladım. Peki, saç kesimi ne kadar tutuyor?

Yesenia: Genellikle yaklaşık kırk beş dolar kadar tutuyor.

Matthew: Kırk beş dolar mı! Çok pahalıymış!

Yesenia: Bu şehirde kadınların seç kesim parası o kadar.

Matthew: Çok şaşırdım, erkek olduğuma seviniyorum. Saç boyamak ne kadar tutuyor?

Yesenia: Ne yaptırdığına göre değişiyor ama yüz dolar civarında.

Matthew: Yüz dolar mı?! İnsanların saçları için bu kadar çok para harcadığına inanamıyorum.

Yesenia: Evet, çok para. Ama saçlarım iyi göründüğünde mutlu oluyorum.

Matthew: Sen mutluysan ben de mutluyum. Yani, bu saç kesimi ikimiz için de iyi!

Yesenia: Ha ha. Peki, öyleyse hemen randevu alayım.

Matthew: Harika!

I NEED A HAİRCUT

Yesenia: I need to get a haircut.

Matthew: I think your hair looks fine.

Yesenia: Yeah, it doesn't look bad, but it's too long.

Matthew: How much will you cut?

Yesenia: Just a couple inches.

Matthew: That's not very much. If you're already paying for a cut, you should do something more dramatic.

Yesenia: But I don't want to change it very much!

Matthew: So why do you want to cut it?

Yesenia: Because I want to keep my hair healthy.

Matthew: Oh, I see. So how much will it cost?

Yesenia: It usually costs around forty-five dollars.

Matthew: Forty-five dollars! That's so expensive!

Yesenia: That's the average cost for women's haircuts in this city.

Matthew: Wow, I'm glad I'm a guy. How much does it cost to dye your hair?

Yesenia: It depends on what you do, but around one hundred dollars.

Matthew: One hundred dollars?! I can't believe how much some people spend on their hair.

Yesenia: Yeah, it's a lot. But when my hair looks good, I'm happy.

Matthew: Well, when you're happy, I'm happy. So, this haircut is good for both of us!

Yesenia: Ha ha. All right, I will make the appointment now.

Matthew: Great!

32 AKVARYUM ZIYARETI - GOING TO AN AQUARIUM (A2)

Kylie: Haydi, bugün akvaryuma gidelim.

Darren: Çok iyi fikir! Hangisine?

Kylie: Sunshine Aquarium. Orası yeni.

Darren: Aa, ciddi misin? Harika. Ne zaman çıkalım?

Kylie: Dokuz buçukta çıkalım. Açılmadan önce orada olmak istiyorum.

Darren: Neden o kadar erken gitmek istiyorsun?

Kylie: Çünkü akvaryum çok popüler ve orada bir sürü insan olacak.

Darren: Tamam. Biletleri internetten mi alalım yoksa akvaryumdan mı?

Kylie: Biletleri internetten de alabiliriz akvaryumdan da ama internetten alırsak iki dolar daha ucuza gelir.

Darren: Anladım. O zaman internetten alalım. Ben alırım. Web sitesi nedir?

Kylie: www.sunshinesquarium.com

Darren: Tamam. Normal yetişkin bileti mi alalım, yoksa rehberli yetişkin bileti mi?

Kylie: Normal yetişkin bileti.

Darren: Tamam, olur. Banka kartımı kullanacağım.

Kylie: Harika, teşekkürler! Ben de yemek ısmarlarım.

(Akvaryumda)

Darren: Önce nereye gidelim?

Kylie: Deniz anaları bölümüne bakalım!

Darren: Tamam! Deniz anaları şahane. Ama çok ürkütücüler.

Kylie: Katılıyorum. Onları akvaryumda görmeyi seviyorum, okyanusta değil!

Darren: Ha ha, aynen, ben de.

Kylie: Şuna bak! Çok büyük!

Darren: Vay canına!

Kylie: Sırada ne var?

Darren: Ahtapotlara bakalım!

Kylie: Iyy… Ahtapotlardan nefret ederim. Sen oraya git, ben de vatozlara bakayım.

Darren: Bana uyar. Sonra görüşürüz!

GOİNG TO AN AQUARİUM

Kylie: Let's go to the aquarium today.

Darren: That's a good idea! Which one?

Kylie: Sunshine Aquarium. It's new.

Darren: Oh, really? Cool. What time should we leave?

Kylie: Let's leave at nine thirty. I want to arrive before they open.

Darren: Why do you want to arrive so early?

Kylie: Because the aquarium is popular and many people will be there.

Darren: Okay. Do we buy tickets online or at the aquarium?

Kylie: We can buy tickets online or at the aquarium, but it's two dollars cheaper if we buy them online.

Darren: Oh, I see. Let's buy the tickets online. I will do it. What's the website?

Kylie: www.sunshinesquarium.com

Darren: All right. Should we buy the regular adult tickets or the adult tickets with the tour?

Kylie: Just the regular adult tickets.

Darren: Cool. I will use my debit card.

Kylie: Great, thanks! I will buy lunch.

(*At the aquarium*)

Darren: Where should we go first?

Kylie: Let's see the jellyfish!

Darren: Okay! Jellyfish are so cool. But they are also a little scary.

Kylie: I agree. I like to see them in an aquarium. Not in the ocean!

Darren: Ha ha, me too.

Kylie: Look at that one! It's so big!

Darren: Wow!

Kylie: What should we see next?

Darren: Let's look at the octopuses!

Kylie: Eww… I hate octopuses. You can go there. I will go check out the stingrays.

Darren: That works for me. See you soon!

33 BU KAHVE SICAK DEĞIL - THIS COFFEE IS NOT HOT (A2)

Cynthia: Pardon, bakar mısınız? Bu kahve pek sıcak değil. Başka bir tane alabilir miyim?

Victor: Bu çok garip, yeni yapmıştım.

Cynthia: Acaba makinede mi problem var?

Victor: Sanmıyorum ama tabii ki size başka bir tane yapabilirim.

Cynthia: Teşekkür ederim! Belki de problem bendedir. Kahveyi çok sıcak seviyorum.

Victor: Ah, öyle mi?

Cynthia: Evet. Sıcak kahve bana daha lezzetli geliyor.

Victor: İlginç. Ben de buzlu kahveyi tercih ederim.

Cynthia: Buzlu kahveyi ben de seviyorum ama sıcak havalarda.

Victor: Evet, ben biraz garibim.

Cynthia: Ha ha. Yani, belki de ikimiz de garibiz.

Victor: Evet, belki! İşte, yeni kahveniz. Ekstra sıcak yapmaya çalıştım.

Cynthia: Vay canına! Bu sıcak! Aslına bakılırsa çok sıcak! İçmek için birkaç dakika bekleyeceğim.

Victor: Evet, lütfen dikkatli olun. Kendinizi yakmanızı istemem.

Cynthia: Ben de. Aromasını sevdim. Ne tür bir kahve bu?

Victor: Guatemala kahvesi. İyi, değil mi?

Cynthia: Evet, çok iyi. Tamamdır, kahve ılıdı. Artık içebilirim.

Victor: Harika! Toplam 4,05$ yapıyor.

Cynthia: İşte size beş dolar.

Victor: Teşekkürler. Para üstünüz 95 sent. Afiyet olsun. İyi günler!

Cynthia: Teşekkürler! Yeni kahve yaptığınız için de ayrıca teşekkür ederim!

Victor: Rica ederim.

THİS COFFEE İS NOT HOT

Cynthia: Excuse me. This coffee is not very hot. Can I get another one?

Victor: Oh, that's weird. I just made it.

Cynthia: Maybe there is a problem with the machine?

Victor: I don't think so. But sure, I can make you another coffee.

Cynthia: Thank you! Maybe it's just me? I like very hot coffee.

Victor: Oh, really?

Cynthia: Yes. Hot coffee just tastes better to me!

Victor: Interesting. I actually prefer iced coffee.

Cynthia: I like iced coffee, but only when it's hot outside.

Victor: Yeah. I'm kind of strange.

Cynthia: Ha ha. Well, maybe we are both strange.

Victor: Yes, maybe! Here is your new coffee. I tried to make it extra hot.

Cynthia: Oh wow! This is hot! I think it's actually too hot! I will wait a couple minutes to drink it.

Victor: Yes, please be careful. I don't want you to burn yourself.

Cynthia: Me neither. I like the flavor, though. What kind of coffee is this?

Victor: It's from Guatemala. It's good, right?

Cynthia: Yes, it's very good. Okay, the coffee has cooled down. I can drink it now.

Victor: Good! So, your total will be $4.05.

Cynthia: Here is five dollars.

Victor: Thanks. Your change is $.95. Enjoy your hot coffee and have a good day!

Cynthia: Thanks! And thank you for making me a new coffee.

Victor: No problem.

34 NOEL GECESI PLANLARI - NEW YEAR'S EVE PLANS (A2)

Rob: Merhaba Hallie! Noel gecesi ne yapmayı planlıyorsun?

Hallie: Merhaba Rob! Henüz bilmiyorum. Sen?

Rob: Ben bir arkadaşımın evindeki partiye gideceğim. Benimle gelmek ister misin?

Hallie: Kesinlikle! Arkadaşın kim? Ev nerede?

Rob: Arkadaşımın adı Ryan. Birlikte çalışıyoruz. Evi sahil kenarında.

Hallie: Tamam, harika! Kaç kişi olacak?

Rob: Yirmi otuz civarında.

Hallie: Vay canına, çokmuş.

Rob: Evet, Ryan'ın çok arkadaşı var! Ha ha.

Hallie: Öyle görünüyor. Bir şey getirmem gerekiyor mu?

Rob: İstersen kendi içkini ve diğer insanlarla paylaşmak için de atıştırmalık yiyecek getirebilirsin.

Hallie: Öyle yaparım. Ne tür içkiler getirmeliyim?

Rob: Sanırım bira ya da şarap?

Hallie: Tamam! Seni iyi ki gördüm! Noel gecesi için planım yoktu ve üzülüyordum!

Rob: Ah, ben de sevindim! Aslında, geçen sene Noel gecesi için hiçbir şey yapmadım; o yüzden bu sene bir şeyler yapabileceğim için mutluyum.

Hallie: Ciddi misin? Neden bir şey yapmadın?

Rob: Çok hastaydım!

Hallie: Hayır, olamaz! Çok fena olmuş.

Rob: Evet, sorun değil. En azından para harcamadım.

Hallie: Ha ha. Doğru! Öyleyse, partide görüşürüz!

Rob: Evet, görüşürüz!

NEW YEAR'S EVE PLANS

Rob: Hey, Hallie! What will you do for New Year's Eve?

Hallie: Hi, Rob! I don't know yet. What will you do?

Rob: I will go to my friend's house for a party. Do you want to come with me?

Hallie: Sure! Who is your friend? Where is the house?

Rob: It's my friend Ryan. I work with him. His house is near the beach.

Hallie: Oh, cool! How many people will be there?

Rob: I think twenty or thirty.

Hallie: Wow, that's a lot.

Rob: Yeah, Ryan has a lot of friends! Ha ha.

Hallie: It sounds like it. Do I need to bring anything?

Rob: If you want, you can bring some drinks or snacks for people to share.

Hallie: I can do that. What kind of drinks should I bring?

Rob: Maybe some beer or wine?

Hallie: Okay! Wow, I'm glad I saw you! I didn't have any plans for New Year's Eve and I was sad!

Rob: Aww, I'm glad too! Actually, last year I didn't do anything for New Year's, so I'm happy I can do something this year.

Hallie: Really? Why didn't you do anything?

Rob: I was really sick!

Hallie: Oh no! That's terrible.

Rob: Yeah. It's okay. At least I saved money.

Hallie: Ha ha. True! Well, I'll see you at the party!

Rob: Yep, see you there!

35 DÜN GECE GÖRDÜĞÜM RÜYA - MY DREAM LAST NIGHT (A2)

Abdullah: Dün gece çok garip bir rüya gördüm!

Francesca: Cidden mi? Ne gördün?

Abdullah: Bir çiftlikteydim ve bir sürü garip hayvan vardı. Keçi, domuz ve inek gibi normal hayvanların yanı sıra zebralar, kangurular ve hatta bir de kaplan vardı.

Francesca: Vay canına, ilginç bir çiftlikmiş.

Abdullah: Evet, bazı zebraların çizgileri de farklı renkteydi. Bazıları mavi, bazıları pembe; hatta aralarında gökkuşağı renginde olanlar bile vardı!

Francesca: Ha ha, ciddi misin?

Abdullah: Sonra kaplan benimle konuştu. Ama İspanyolca konuştu.

Francesca: İspanyolca mı? Ne dedi?

Abdullah: Bilmiyorum ki! İspanyolca konuşamıyorum!

Francesca: Doğru ya. Peki, İspanyolca konuştuğunu nasıl anladın?

Abdullah: Yani, İspanyolcanın kulağa nasıl geldiğini biliyorum.

Francesca: Anladım, peki sonra ne oldu?

Abdullah: Hatırlamıyorum.

Francesca: Hep garip rüyalar görür müsün?

Abdullah: Evet ama *bu* kadar garibini değil.

Francesca: Sence rüyaların bir anlamı var mı?

Abdullah: Bazen. Sen ne düşünüyorsun?

Francesca: Bence de. Belki de hayatında daha fazla arkadaş istiyorsun.

Abdullah: Zaten çok arkadaşım var!

Francesca: Belki arkadaşların sıkıcı ve sen de daha ilginç arkadaşlar istiyorsun. Tıpkı gökkuşağı çizgili zebralar gibi.

Abdullah: Ha ha, belki!

MY DREAM LAST NİGHT

Abdullah: I had a very weird dream last night!

Francesca: Really? What was it about?

Abdullah: I was on a farm and there were a lot of strange animals. There were normal animals like goats, pigs, and cows, but then there were also zebras, kangaroos, and even a tiger.

Francesca: Wow, that's an interesting farm.

Abdullah: Yeah. And some of the zebras had different colored stripes. Some were blue, some were purple. And some were rainbow-striped!

Francesca: Ha ha, really?

Abdullah: And then the tiger talked to me. But it spoke in Spanish.

Francesca: Spanish?? What did it say?

Abdullah: I don't know! I don't speak Spanish!

Francesca: Oh, right. So how do you know it was speaking Spanish?

Abdullah: Well, I know what Spanish sounds like.

Francesca: Oh. Then what happened?

Abdullah: I don't remember.

Francesca: Do you always have weird dreams?

Abdullah: Yeah, but not *this* weird.

Francesca: Do you think dreams mean anything?

Abdullah: Sometimes. What about you?

Francesca: I think so. Maybe you want more friends in your life.

Abdullah: I have a lot of friends!

Francesca: Maybe your friends are boring and you want more interesting friends. Like rainbow-striped zebras.

Abdullah: Ha ha, maybe!

Grace: Tatlım, kalkma vakti!

Christopher: Ihh, beş dakika daha.

Grace: Beş dakika önce de böyle dedin. Kalkma zamanı bebeğim.

Christopher: Ah, tamam.

Grace: Dişlerini fırçala ve giyin, haydi.

Christopher: Seçtiğin tişörtü giymek istemiyorum.

Grace: Neden?

Christopher: Artık onu sevmiyorum.

Grace: Tamam, o zaman başka bir tişört seç.

Christopher: Sen seçsen olur mu?

Grace: Hayır artık büyüdün. Kendi tişörtünü seçebilirsin.

Christopher: Tamam, o zaman bunu giyeceğim.

Grace: Peki, hazır olduğunda kahvaltını yap.

Christopher: Tamam.

(On dakika sonra...)

Grace: Çabuk yemen lazım. Biraz geciktik.

Christopher: Tamam, tamam. Çikolatalı gevrek yiyebilir miyim?

Grace: Sadece hafta sonları çikolatalı gevrek yiyebiliyorsun, bunu biliyorsun.

Christopher: Ama canım başka bir şey istemiyor.

Grace: Bugün işleri neden bu kadar zorlaştırıyorsun Christopher?!

Christopher: Zorlaştırmıyorum.

Grace: Granola gevreğini ye lütfen.

Christopher: Tamam.

Grace: Bugün için hindi salam mı yoksa yumurta mı istersin?

Christopher: Imm... Hindi salam.

Grace: Elmanı yemeyi de unutma, TAMAM mı?

Christopher: Tamam anne.

Grace: Peki o zaman, gitme vakti!

GETTİNG READY FOR SCHOOL

Grace: Honey, it's time to wake up!

Christopher: Ugh. Five more minutes.

Grace: That's what you said five minutes ago. It's time to get up, sweetie.

Christopher: Ugh, okay.

Grace: Go brush your teeth and get dressed.

Christopher: I don't want to wear the shirt you picked out for me.

Grace: Why not?

Christopher: I don't like it anymore.

Grace: Okay, then pick out a different shirt.

Christopher: Can you do it?

Grace: No, you're a big boy now. You can pick out your own shirts.

Christopher: All right. I'll wear this one.

Grace: Okay. Come eat breakfast when you're ready.

Christopher: All right.

(Ten minutes later…)

Grace: You need to eat quickly. We're a little late.

Christopher: Yeah, yeah. Can I have Chocolate O's?

Grace: You know you can only have Chocolate O's on the weekend.

Christopher: But I don't want anything else.

Grace: Why are you being so difficult today, Christopher?!

Christopher: I'm not being difficult.

Grace: Eat the granola cereal.

Christopher: Fine.

Grace: Would you like a ham or egg salad sandwich today?

Christopher: Umm… ham.

Grace: Make sure to eat the apple too, OKAY?

Christopher: Yes, Mom.

Grace: All right, time to go!

37 YATAK ALIŞVERIŞI - SHOPPING FOR A BED (A2)

Renata: Standart çift kişilik yatak mı, yoksa büyük boy çift kişilik yatak mı alalım?

Nima: Büyük boy almamız lazım. Uyurken çok dönüyorsun!

Renata: Ah, üzgünüm!

Nima: Önemli değil, ama ikimizin de rahat etmesi için bu boyu almalıyız.

Renata: Katılıyorum.

Nima: Yumuşak yatak seviyorsun, değil mi?

Renata: Evet, sen de öyle sanırım?

Nima: Evet, çok şükür ki!

Renata: Buradaki yataklar bütçemiz dahilinde.

Nima: Evet, haydi deneyelim.

Renata: Hmm… Bence bu çok sert. Sen ne diyorsun?

Nima: Bakayım. Evet… Bu çok sert.

Renata: Peki ya bu?

Nima: Ah, bu güzel.

Renata: Gerçekten haklısın. Bunu beğendim. Ne kadarmış?

Nima: Biraz pahalı, ama aylık taksitle alabiliriz.

Renata: Gayet iyi. Tamam o zaman, ne tür bir yatak başlığı alalım?

Nima: Benim için gerçekten fark etmez. Bana göre, yatak daha önemli.

Renata: Tamam! Yatak başlığını ben seçerim. Beyazı seçtim.

Nima: Evet, o güzel.

Renata: Fiyatı da iyi.

Nima: Evet.

Renata: Yani, bu kolay oldu!

Nima: Evet, öyle oldu! Ben de tüm gün yatak bakarız sanıyordum!

Renata: Yuppi! Haydi kutlamak için yemeğe çıkalım!

Nima: Çok para harcadık. Belki de evde yemeliyiz.

Renata: Evet, haklısın. Peki o zaman, evde yiyoruz!

SHOPPİNG FOR A BED

Renata: Should we buy a queen- or king-size mattress?

Nima: We need to get a king-size mattress. You move around a lot when you sleep!

Renata: Oops, sorry!

Nima: It's okay. But I think we should get this size so both of us can be comfortable.

Renata: I agree.

Nima: You like softer mattresses, don't you?

Renata: Yeah. You do too, right?

Nima: Yes. Thank goodness!

Renata: These mattresses here are in our price range.

Nima: Yeah, let's try them out.

Renata: Hmm… I think this one is too hard. What do you think?

Nima: Let me see. Yeah… that's too hard.

Renata: What about this one?

Nima: Oh, this one is nice.

Renata: Ooh, you're right. I like this one. How much is it?

Nima: It's a little expensive, but we can make monthly payments on it.

Renata: That's good. All right, what kind of bed frame should we get?

Nima: I don't really care. The mattress is more important to me.

Renata: Okay! I'll pick out the bed frame. I like the white one.

Nima: Yeah, that one is nice.

Renata: And the price is good.

Nima: Yes.

Renata: Well, that was easy!

Nima: Yes, it was! I was expecting to be shopping for a bed all day!

Renata: Woohoo! Let's go to dinner to celebrate!

Nima: We just spent a lot of money. Maybe we should eat at home.

Renata: Yeah, you're right. Okay, dinner at home it is!

38 SABAH RUTINLERI - MORNING ROUTINE (A2)

Emilia: Sabahları kaçta kalkıyorsun?

Jack: Hafta içi 06.15 civarında, hafta sonu ise 07.30 08.00 gibi kalkıyorum. Ya sen?

Emilia: Pazartesiden cumaya her gün 06.30'ta kalkıyorum. Hafta sonları 08.00 gibi uyanıyorum. Kalktıktan sonra ne yapıyorsun?

Jack: Duş alırım ve sonra dişlerimi fırçalayıp tıraş olurum.

Emilia: Gerçekten mi? Ben önce dişlerimi fırçalar sonra duş alırım.

Jack: Duştan sonra ne yapıyorsun?

Emilia: Saçlarımı kurutuyorum ve makyajımı yapıyorum. Sen tıraş olduktan sonra ne yapıyorsun?

Jack: Giyinip kahvaltı ediyorum.

Emilia: İşe giderken ne giyiyorsun?

Jack: Genellikle kumaş pantolon ve gömlek. Ayda bir kez takım elbise giyiyorum.

Emilia: Ah, şanslısın. Benim iş için her gün şık giyinmem gerekiyor!

Jack: Öyle mi? Ne iş yapıyorsun?

Emilia: Avukatım.

Jack: Ah, anladım. Sabahları hazırlanman uzun sürüyor mu?

Emilia: Yaklaşık bir buçuk saat alıyor. Hazırlanırken acele etmeyi sevmiyorum.

Jack: Her gün kahvaltı ediyor musun?

Emilia: Gayret ediyorum! İş için enerjiye ihtiyacım oluyor!

Jack: Evet, kahvaltı yapmak çok önemli! Kahvaltı yapamadığımda çok enerjik olmuyorum.

Emilia: Evet. Kahvaltı, günün en önemli öğünü!

Jack: Aynen öyle!

MORNİNG ROUTİNE

Emilia: What time do you wake up every day?

Jack: On weekdays, I wake up around 6:15 a.m. On weekends, I wake up around 7:30 a.m. or 8 a.m. What about you?

Emilia: I wake up at 6:30 a.m. Monday through Friday. On weekends, I get up around 8 a.m. What do you do after you wake up?

Jack: I take a shower and then I brush my teeth and shave.

Emilia: Oh really? I brush my teeth first. And then I take a shower.

Jack: What do you do after you take a shower?

Emilia: I dry my hair and then I put on makeup. What do you do after you shave?

Jack: I get dressed and I eat breakfast.

Emilia: What do you wear to work?

Jack: Usually I wear trousers and a button-down shirt. I wear a suit about once a month.

Emilia: Oh, you're lucky. I have to dress up for work every day!

Jack: Really? What do you do?

Emilia: I'm a lawyer.

Jack: Oh, I see. Does it take you a long time to get ready every morning?

Emilia: It takes me around an hour and a half. I don't like to hurry too much when I'm getting ready.

Jack: Do you eat breakfast every day?

Emilia: I try to! I need energy for work!

Jack: Yeah, it's important to eat breakfast! Sometimes I don't and I don't have as much energy.

Emilia: Yep. Breakfast is the most important meal of the day!

Jack: Exactly!

39 DOĞUM GÜNÜ HEDIYESI - BIRTHDAY GIFT (A2)

Gabby: Mike için bir doğum günü hediyesi almalıyız.

Sean: Biliyorum. Ne alalım?

Gabby: Bilmiyorum. Onun her şeyi var.

Sean: Hmm…

Gabby: Kıyafet mi alsak?

Sean: Ne tip bir kıyafet?

Gabby: Belki bir tişört?

Sean: Geçen sene tişört almıştık.

Gabby: Haklısın. Peki ya güneş gözlüğüne ne dersin? Güneş gözlüklerine bayılıyor.

Sean: Güneş gözlükleri biraz pahalı. Bir de şey, belki de aldığımız ona yakışmayacak.

Gabby: Tamam.

Sean: Bir mağazanın hediye kartı nasıl olur?

Gabby: Hediye kartları hiç de kişiye özel değil.

Sean: Evet, ama insanlar hediye kartı almayı seviyor, böylece onlara istediği şeyleri almış oluyorsun.

Gabby: Belki bir etkinlik için bilet alabiliriz? Bir futbol maçı ya da konser bileti?

Sean: Aa, bu harika bir fikir. Spor ve müzikten hoşlanıyor.

Gabby: Şuna bak! Önümüzdeki ay, sevdiği gruplardan birinin konseri var.

Sean: Ciddi misin? Bilet alalım mı?

Gabby: Evet, hadi alalım!

Sean: Peki ama ya konsere gidemezse?

Gabby: O zaman biz gideriz!

BİRTHDAY GİFT

Gabby: We need to buy a gift for Mike.

Sean: I know. What should we get?

Gabby: I don't know. He has everything.

Sean: Hmm…

Gabby: Should we buy him clothes?

Sean: What kind of clothes?

Gabby: A shirt, maybe?

Sean: We got him a shirt last year.

Gabby: You're right. What about sunglasses? He loves sunglasses.

Sean: Sunglasses are kind of expensive. And maybe they won't look good on him.

Gabby: Okay.

Sean: What about a gift card to a store?

Gabby: Gift cards are so impersonal.

Sean: Yeah, but people like them. Because you can buy whatever you want.

Gabby: Maybe we buy him tickets for something? Like a soccer game or a concert?

Sean: Oh, that's good idea. He likes sports and music.

Gabby: Look at this! One of his favorite bands will be in town next month.

Sean: Really? Should we buy tickets?

Gabby: Yes, let's do it!

Sean: What if he can't go to the show?

Gabby: Then we will go!

40 SINAVDAN A ALDIM - I GOT AN A (A2)

Irene: Brad, bil bakalım ne oldu?

Brad: Ne oldu?

Irene: Sınavdan A aldım!

Brad: Aa, harika! Tarih sınavından mı?

Irene: Evet. Beş saat çalışmıştım.

Brad: Vay! Aferin sana. Geçen sene ben de o dersi aldım, çok zordu.

Irene: Dersinize Bayan Simmons mı giriyordu?

Brad: Evet.

Irene: Gerçekten çok katı bir öğretmen.

Brad: Evet, öyle. Sınıftaki herkes ondan çok korkuyordu! Ama çok şey öğrendik.

Irene: Evet, ben de çok şey öğreniyorum. Aslında, onun dersini alıncaya dek tarihi sevmiyordum ama artık tarih gerçekten ilgimi çekiyor.

Brad: Ciddi misin?

Irene: Hı hı.

Brad: Peki, nasıl çalıştın? Notlarını tekrar mı gözden geçirdin?

Irene: Evet.

Brad: Ben de onun dersinin sınavlarına öyle çalışıyordum ama hiç A almadım!

Irene: Yani, ben çok uzun süre çalıştım! Ama aynı zamanda, bu konuyu da seviyordum. Sanırım bu yüzden iyi bir not alabildim.

Brad: Mantıklı. Ben de sevdiğim derslerden hep iyi notlar alıyorum.

Irene: Ben de. Matematikte daha iyi olmayı isterdim, ama o dersten nefret ediyorum.

Brad: Ben de matematiğe bayılıyorum! Belki matematik konusunda sana yardım edebilirim. Sen de tarih dersinde bana yardımcı olursun.

Irene: Tamam, anlaştık!

I GOT AN A

Irene: Guess what, Brad?

Brad: What?

Irene: I got an A on my test!

Brad: Oh, that's great! On your history test?

Irene: Yeah. I studied for five hours.

Brad: Wow. Good for you. I took that class last year and it was so hard.

Irene: Did you have Ms. Simmons?

Brad: Yeah.

Irene: She's really strict.

Brad: Yes, she is. Everyone in the class was so scared of her! But we learned a lot.

Irene: Yeah, I'm learning so much. Actually, I didn't like history before I took her class, but now I'm really interested in it.

Brad: Really?

Irene: Mmm hmm.

Brad: So how did you study? Did you just read your notes again?

Irene: Yep.

Brad: That's how I studied for tests in her class too, but I never got As!

Irene: Well, I studied for a long time! But I also loved this chapter. So, I think that helped me get a good grade.

Brad: That makes sense. I always get better grades in the classes that I like.

Irene: Me too. I wish I got better grades in math, but I hate math.

Brad: And I love math! Maybe I can help you with math and you can help me with history.

Irene: Okay, deal!

41 O IYI BIR ŞOFÖR - HE'S A GOOD DRIVER (A2)

John: Jackson için endişeleniyorum.

Ada: Neden?

John: Yakında sürücü ehliyetini alacak!

Ada: Evet, bu biraz ürkütücü ama bizim için iyi! Artık onu her yere götürmek zorunda kalmayacağız.

John: Doğru. Ama bu şehirde manyak gibi araba kullanan şoförler var.

Ada: Biliyorum. Ama Jackson iyi bir şoför!

John: Evet, çünkü nasıl araba sürmesi gerektiğini ona ben öğrettim.

Ada: Bir sebebi bu ama ayrıca o sorumluluk sahibi genç bir delikanlı.

John: Evet, öyle. Şanslı ebeveynleriz.

Ada: Gerçekten öyleyiz. Ehliyet sınavı ne zaman? Gelecek aydı, değil mi?

John: Bu ayın sonunda yazılı sınavı olacak; direksiyon sınavı ise ayın on beşinde.

Ada: Çok yakınmış ama Jackson hazır.

John: Neredeyse. Onunla biraz daha pratik yapmak istiyorum. Park konusunda daha iyi olmalı.

Ada: Nasıl park edileceğini ben öğretebilirim. Ailede en iyi park eden benim.

John: Bu doğru, senin park etme becerilerine kimse ulaşamaz.

Ada: Teşekkürler! Peki, Jakson'la bir sonraki sürüş dersi ne zaman?

John: Cumartesi öğleden sonra, futbol maçının ardından.

Ada: Tamam. Umarım iyi geçer!

HE'S A GOOD DRİVER

John: I'm worried about Jackson.

Ada: Why?

John: He's getting his driver's license soon!

Ada: Yeah, that's a little scary. But that's good for us! We won't have to drive him everywhere anymore.

John: True. But there are so many crazy drivers in this city.

Ada: I know. But he's a good driver!

John: Yes, because I taught him how to drive.

Ada: That's one reason why. But he's also a responsible young man.

John: Yeah, he is. We're lucky parents.

Ada: Yes, we are. When is his driving test? It's next month, right?

John: He has his written test at the end of this month and his behind-the-wheel test on the fifteenth.

Ada: That's really soon. But he's ready.

John: Almost. I still want to practice some more with him. He needs to get better at parking.

Ada: I should teach him how to park. I'm the best parker in this family.

John: That's true. Your skills are unmatched.

Ada: Thanks! So, when is your next driving lesson with Jackson?

John: Saturday afternoon after his soccer game.

Ada: Okay. I hope it goes well!

42 BIR HAYALET MI? - IS THAT A GHOST? (A2)

Taylor: O nedir?!

Spencer: Ne *nedir*?

Taylor: Köşedeki şey?

Spencer: Hangi şey? Ben bir şey görmüyorum.

Taylor: Şey gibi görünüyor... Hayır... Bu mümkün değil.

Spencer: Ne?! Beni korkutuyorsun!

Taylor: Hayalete benziyor!

Spencer: Kes şunu. Ben hayaletlere inanmam.

Taylor: Ben de inanmam ama hayalete benziyordu.

Spencer: Ne benziyordu?

Taylor: Bir insan kılığındaydı ve arkasındakileri görebiliyordum.

Spencer: Sana inanmıyorum, bana kötü bir şaka yapıyorsun.

Taylor: Şaka yapmıyorum! Gördüğümü söylüyorum!

Spencer: Muhtemelen sadece sen öyle gördün.

Taylor: Hiç sanmıyorum.

Spencer: ...

Taylor: Ne?

Spencer: ... Aman Allah'ım...

Taylor: Ne oldu?!

Spencer: Şunu görüyor musun?

Taylor: EVET! Daha önce gördüğüm de buydu!

Spencer: Bir hayalete benziyor!

Taylor: Sana demiştim!

Spencer: Tamam. Belki de şimdi sana inanıyorum.

Taylor: Teşekkür ederim! Ben gidiyorum artık.

Spencer: Nereye gidiyorsun?

Taylor: Burada bir hayalet var! Hemen çıkıyorum!

Spencer: Beni burada bir hayaletle yalnız başıma bırakamazsın!

Taylor: Sen de benimle gel öyleyse!

Spencer: Tamam, hoşça kal hayalet! Lütfen git ve bir daha gelme!

IS THAT A GHOST?

Taylor: What is that?!

Spencer: What is *what*?

Taylor: That thing in the corner?

Spencer: What thing? I don't see anything.

Taylor: It looks like... no... that's not possible.

Spencer: What?! You're scaring me!

Taylor: It looked like a ghost!

Spencer: Oh, stop. I don't believe in ghosts.

Taylor: I don't either. But that looked like a ghost.

Spencer: What did it look like?

Taylor: It was in the shape of a person, and I could see through it.

Spencer: I don't believe you. I think you're playing a joke on me.

Taylor: I'm not joking! That's what I saw!

Spencer: You probably just imagined it.

Taylor: I don't think so.

Spencer: ...

Taylor: What?

Spencer: ...oh my gosh.

Taylor: What?!

Spencer: Do you see that?

Taylor: YES! That's what I saw before!

Spencer: That looks like a ghost!

Taylor: I told you!

Spencer: Okay. Maybe I believe you now.

Taylor: Thank you! Now I'm leaving.

Spencer: Where are you going?

Taylor: There is a ghost in here! I'm getting out of here!

Spencer: You can't leave me here alone with a ghost!

Taylor: So, come with me!

Spencer: Okay. Bye, ghost! Please leave and don't come back!

43 ŞIRIN KÖPEK - CUTE DOG (A2)

Jenny: Pardon, bakar mısınız? Köpeğinizi biraz sevebilir miyim?

Julian: Elbette! Buna çok sevinir.

Jenny: Çok şirin! Köpeğinizin cinsi nedir?

Julian: Emin değilim. Sokaktan kurtarılmış bir köpek.

Jenny: Chihuahua kırması gibi duruyor.

Julian: Aslında, sanırım yarı Spanyel, yarı Pomeriyan.

Jenny: Anladım...

Julian: Minyatür bir Golden Retriever'a benziyor bence.

Jenny: Bence de! Yavru mu?

Julian: Hayır, aslına bakarsanız altı yaşında.

Jenny: Vay canına! Ama yavru gibi görünüyor!

Julian: Evet, sanırım sonsuza kadar yavru gibi görünecek.

Jenny: Umarım. Çok yumuşak! Yumuşak kürküne bayıldım.

Julian: Evet, kürkü yumuşak. Sağlıklı köpek maması yiyor, böylece kürkü ipek gibi kalıyor.

Jenny: Harikasınız. İsmi ne?

Julian: Stanley.

Jenny: Bu bir köpek için komik bir isim. Bence çok şirin!

Julian: Teşekkürler.

Jenny: Nerden aldınız?

Julian: Barınaktan. Stanley, bir barınak köpeği.

Jenny: Bu harika! Benimki de öyle, köpeğim bir harika.

Julian: Süper! Köpeğiniz ne zamandır sizinle?

Jenny: Onu bir yaşındayken almıştım, şimdi dört yaşında; yani yaklaşık üç senedir benimle.

Julian: Cinsi nedir? Adı ne?

Jenny: Adı Coco ve bir Poodle kırması.

Julian: Çok güzel.

Jenny: Sizce Stanley, Coco'dan hoşlanır mı?

Julian: Umarım. Birlikte oynamaları için bir oyun zamanı belirleyelim mi?

Jenny: Elbette! Çok isterim!

CUTE DOG

Jenny: Excuse me. May I say hello to your dog?

Julian: Sure! He would like that very much.

Jenny: He's so cute! What kind of dog is he?

Julian: I'm not sure. He is a rescue.

Jenny: He looks like a Chihuahua mix.

Julian: Actually, I think he's part spaniel and part Pomeranian.

Jenny: I see.

Julian: I think he actually looks like a very tiny golden retriever.

Jenny: I think so, too! Is he a puppy?

Julian: No, he is actually six years old.

Jenny: Wow! But he looks like a puppy!

Julian: Yeah, I think he will look like a puppy forever.

Jenny: I hope so. He is so soft! I love his soft fur.

Julian: He does have soft fur. He eats healthy dog food and it helps his fur stay silky.

Jenny: That's very nice of you. What's his name?

Julian: Stanley.

Jenny: That's a funny name for a dog. I think it's so cute!

Julian: Thank you.

Jenny: Where did you get him?

Julian: At the shelter. Stanley is a rescue dog.

Jenny: That's awesome! So is mine. She is lovely.

Julian: Cool! How long have you had your dog?

Jenny: I got her when she was one, and now she's four, so about three years.

Julian: What kind of dog is she? And what's her name?

Jenny: Her name is Coco and she's a poodle mix.

Julian: That's nice.

Jenny: Do you think Stanley would like Coco?

Julian: I hope so. Should we schedule a playtime for them?

Jenny: Sure! I would like that.

44 METEOR YAĞMURU - A METEOR SHOWER (A2)

Andrea: Michael, tahmin et ne oldu!

Michael: Ne oldu?

Andrea: Bu akşam bir meteor yağmuru varmış! Haberlerde gördüm.

Michael: Ciddi misin? Meteor yağmuru ne zaman başlayacak?

Andrea: Meteor yağmuru 21.00'da başlayıp gece yarısına kadar sürecek.

Michael: Meteor yağmurunu evden izleyebilir miyiz?

Andrea: Hayır, evde çok fazla şehir ışığı var. Karanlık bir yere gitmemiz gerek.

Michael: Felix Dağı'nın zirvesine çıkabiliriz.

Andrea: Ne kadar uzaklıkta?

Michael: Dağ galiba buradan on mil uzaklıkta.

Andrea: Tamam, gidelim.

Michael: Hiç meteor yağmuru görmüş müydün?

Andrea: Hayır, görmemiştim. İlk kez göreceğim. Çok heyecanlıyım. Daha önce hiç kayan yıldız görmemiştim.

Michael: Senin adına çok heyecanlıyım!

Andrea: Sen daha önce yıldız kayması görmüş müydün?

Michael: Evet.

Andrea: Ne zaman?

Michael: Birkaç sene önce yine meteor yağmuru vardı. Felix Dağı'ndaki bir kampta çalışıyordum. O gece bir sürü kayan yıldız gördüm.

Andrea: Dilek tuttun mu?

Michael: Evet, tuttum.

Andrea: Ne diledin?

Michael: Bunu sana söyleyemem! Eğer söylersem dileğim gerçekleşmez.

Andrea: Yani, hala gerçekleşmediğini mi söylüyorsun?

Michael: Evet...

Andrea: Umarım, bu gece yeni dilekler dileyebiliriz.

Michael: Umarım.

A METEOR SHOWER

Andrea: Michael, guess what!

Michael: What?

Andrea: There's going to be a meteor shower tonight! I saw it on the news.

Michael: Oh, really? What time will the meteor shower happen?

Andrea: The meteor shower will start at 9:00 p.m. and end around midnight.

Michael: Can we watch the meteor shower from home?

Andrea: No, there are too many city lights at home. We have to go somewhere very dark.

Michael: We can drive to the top of Mt. Felix.

Andrea: How far is it?

Michael: I think the mountain is ten miles from here.

Andrea: Let's do that.

Michael: Have you ever seen a meteor shower?

Andrea: I haven't. This will be my first time. I'm very excited. I have never seen a shooting star before.

Michael: I'm very excited for you!

Andrea: Have you seen a shooting star before?

Michael: Yes.

Andrea: When?

Michael: There was a meteor shower a few years ago. I was working at a camp on Mt. Felix. I saw many shooting stars that night.

Andrea: Did you make a wish?

Michael: Yes, I did.

Andrea: What did you wish for?

Michael: I can't tell you! If I tell you, my wish won't come true.

Andrea: You mean it still hasn't come true?

Michael: No…

Andrea: Well, hopefully we can make some new wishes tonight.

Michael: I hope so.

45 GÜZEL BIR FOTOĞRAF NASIL ÇEKILIR? - HOW TO TAKE A GOOD PICTURE (A2)

Maia: Merhaba Damien!

Damien: Merhaba Maia! Uzun zaman oldu görüşmeyeli.

Maia: Biliyorum! Nasılsın?

Damien: Oldukça iyi, sen?

Maia: Ben de iyiyim. Sana bir sorum var. Sen fotoğrafçıydın, değil mi?

Damien: Evet. Yani, eğlencesine fotoğraf çekiyorum. Profesyonel fotoğrafçı değilim.

Maia: Ama fotoğrafların profesyonel görünüyor!

Damien: Teşekkür ederim! Fotoğrafçılık benim hobim, uzun zamandır yapıyorum.

Maia: İyi fotoğraf çekmek için tavsiyelerin var mı?

Damien: Hmm, elbette. Ne fotoğrafı çekmek istiyorsun?

Maia: Çoğunlukla manzara ve mimari.

Damien: Tamamdır. "Altın Oran" kuralını duydun mu?

Maia: Hayır. O nedir?

Damien: Şimdi bir dikdörtgen düşün ve bu dikdörtgeni dokuz eşit kareye böl. Fotoğrafın en önemli bölümleri, bu çizgilerin dikey ve yatay olarak birleştiği yerlerde olmalı. Bu kural, fotoğrafın düzenlemesini yapmana yardımcı olur.

Maia: Gerçekten mi? Harika! Bunu deneyeceğim.

Damien: Tabii, denemelisin. Benim gitmem gerekiyor. İleride daha fazla tavsiyeye ihtiyacın olursa haberim olsun!

Maia: Söylerim. Teşekkürler, Damien!

Damien: Rica ederim. Sonra görüşürüz.

Maia: Görüşürüz!

HOW TO TAKE A GOOD PİCTURE

Maia: Hey, Damien!

Damien: Hi, Maia! Long time no see.

Maia: I know! How have you been?

Damien: Pretty good. How about you?

Maia: I'm good. Oh, I have a question for you. You're a photographer, right?

Damien: Yeah. Well, I take pictures just for fun. I'm not a professional photographer.

Maia: But your pictures look professional!

Damien: Oh, thanks! It's my hobby, and I have been doing it for a long time.

Maia: Do you have any tips on how to take good pictures?

Damien: Umm… sure. What do you like to take pictures of?

Maia: Mostly landscapes and architecture.

Damien: Ah, okay. Have you heard of the "Rule of Thirds"?

Maia: No. What's that?

Damien: So, imagine a rectangle. And then divide the rectangle into nine equal squares. The most important parts of the photo should be at the places where the vertical and horizontal lines meet. This will help the composition of your photo.

Maia: Oh, really? That's so cool! I'll try that.

Damien: Yeah, you should. Well, I have to go. If you need any more tips in the future, let me know!

Maia: I will. Thanks, Damien!

Damien: No problem. See you later.

Maia: See you!

46 SÜRPRIZ PARTI - A SURPRISE PARTY (A2)

Ingrid: Selam, Emma'nın sürpriz doğum günü partisine geliyor musun?

Erik: Şşşş! Biraz sessiz ol. Seni duyabilir.

Ingrid: Yan odada Dan'le konuşuyor. Beni duyamaz.

Erik: Sen konuştuğunda herkes seni duyabilir.

Ingrid: *Herkes* değil. Komşu illerdekiler beni duyamaz.

Erik: Emin misin?

Ingrid: Tamam, tamam, sesim gür. Anladım. Her neyse, geliyor musun?

Erik: Evet. Sen?

Ingrid: Tabii ki, organizasyona yardım ediyorum.

Erik: Peki, plan nedir?

Ingrid: Erkek arkadaşı Aaron onu yemeğe çıkaracak. Saat altı ile altı buçuk arasında herkes evde toplanacak. Emma ve Aaron eve sekiz civarında gelecek. Aaron mesajla bizi durumdan haberdar edecek. Hepimiz saklanacağız ve eve geldiklerinde saklandığımız yerden çıkıp "Sürpriiiz!" diye bağıracağız.

Erik: Harika. Hiç şüphelenmiyor mu? Arkadaşlarından hiçbirinin doğum günü için plan yapmak istememesine şaşırmıyor mu?

Ingrid: Arkadaşlarıyla bu hafta sonu, doğum gününden sonra takılacaklar. Bu nedenle, yalnızca o partinin olduğunu sanıyor.

Erik: Ve sürpriz parti hakkında hiçbir fikri yok?

Ingrid: Evet! En ufak bir fikri bile yok.

Erik: Şahane. Tepkisini görmek için sabırsızlanıyorum.

Ingrid: Ben de!

A SURPRİSE PARTY

Ingrid: Hey, are you coming to Emma's surprise party?

Erik: Shh! Don't say that so loud. She might hear you.

Ingrid: She's in the next room talking to Dan. She can't hear me.

Erik: Everyone can hear you when you talk.

Ingrid: Not *everyone*. People in other cities can't hear me.

Erik: Are you sure?

Ingrid: Okay, okay, I'm loud. I get it. Anyway, are you coming?

Erik: Yeah. Are you?

Ingrid: Of course; I'm helping plan it.

Erik: So, what's the plan?

Ingrid: Her boyfriend Aaron is taking her out to dinner. Everyone is arriving at the house between six and six thirty. Emma and Aaron should get back to the house by eight. Aaron is going to keep us updated via text. We're all going to hide, and then when they come home, we'll jump out and say "Surprise!"

Erik: Cool. Is she suspicious at all? Isn't she surprised that none of her friends want to hang out for her birthday?

Ingrid: She's hanging out with her friends this weekend, after her birthday. So, she thinks that's the only party.

Erik: And she has no idea about the surprise party?

Ingrid: Nope! She's totally clueless.

Erik: Awesome. I can't wait to see her reaction.

Ingrid: Me too!

47 EN SEVDIĞIM KAHVALTI - MY FAVORITE BREAKFAST (A2)

Keito: Bugün kahvaltıda ne istiyorsun?

Hannah: Hmm... Meyve ve yoğurt ya da gevrek. Gevrek seviyorum ama onun sağlıklı olmadığını da biliyorum. O yüzden meyve, yoğurt ve granola yemeye çalışıyorum.

Keito: Şimdi anladım. Yulaf ezmesinin tadına hiç baktın mı? Yulaf ezmesi gerçekten çok sağlıklı, öyle değil mi?

Hannah: Evet, öyle ama çok tatsız! Sen kahvaltıda ne yiyeceksin?

Keito: Muhtemelen biraz miso çorbası ve haşlanmış pirinç yerim.

Hannah: Ah, vay be! Biz Amerika'da o tür şeyleri yalnızca öğle ya da akşam yemeklerinde yiyoruz.

Keito: Evet, biz de miso çorbası ve pirinci öğle veya akşam yemeklerinde yiyoruz. Ben kahvaltıda yemeyi seviyorum. Eğer çok açsam ve hazırlayacak vaktim de varsa miso çorbası ve pirinçle beraber ızgara balık da yiyorum.

Hannah: İlginç! Kahvaltıda hiç balık yemedim.

Keito: Bir ara denemelisin! Çok sağlıklıdır.

Hannah: Evet kulağa sağlıklı geliyor. Belki denerim!

Keito: Ben de bazen kahvaltıda gevrek yiyorum. Ama benim en sevdiğim gevrek, gece atıştırmalığı olarak yediklerim.

Hannah: Ben de! Gevrek için günün her saati uygun.

Keito: Ha ha. Tamam, bugünlük miso çorbası ve pirinç yemeğe nedersin? Yarın da gevrek yeriz?

Hannah: Bence harika!

MY FAVORITE BREAKFAST

Keito: What do you want for breakfast today?

Hannah: Hmm... fruit and yogurt or cereal. I love cereal but I know it's not super healthy for me. So, I'm trying to eat fruit and yogurt and granola.

Keito: Oh, I see. Have you tried oatmeal? Oatmeal is really healthy, right?

Hannah: Yes, it is, but it's so boring! What are you going to eat for breakfast?

Keito: Probably some miso soup and steamed rice.

Hannah: Oh, wow! Here in the U.S. we only eat that kind of thing for lunch or dinner.

Keito: Yeah, we also eat miso soup and rice for lunch and/or dinner. I like to eat it for breakfast. Sometimes I eat grilled fish with my miso soup and rice if I'm really hungry and I have time to make it.

Hannah: Interesting! I've never had fish for breakfast.

Keito: You should try it sometime! It's healthy.

Hannah: That does sound healthy. Maybe I will!

Keito: I eat cereal for breakfast sometimes too. But my favorite time to eat cereal is as a late-night snack.

Hannah: Me too! Any time of day is good for cereal.

Keito: Ha ha. Okay, how about we have some miso soup and rice today, and tomorrow we can have cereal?

Hannah: Sounds good!

48 SINIR BOZUCU KOMŞULAR - ANNOYING NEIGHBORS (A2)

Nadia: Komşularımız yine yüksek sesle müzik dinliyor!

Kadek: Yine mi? Müziği kısacağını söylemişti.

Nadia: Sanırım fikrini değiştirmiş. Bu konu hakkında onunla üç kez konuştuk. Bu, çok kaba bir davranış!

Kadek: Ne yapmalıyız?

Nadia: Ev sahibimizle mi konuşsak?

Kadek: Hmm... Belki bir kere daha onunla konuşmayı denedikten sonra ev sahibiyle konuşmalıyız?

Nadia: Ne? Müzik yüzünden seni duyamıyorum!

Kadek: "BİR KERE DAHA ONUNLA KONUŞTUKTAN SONRA EV SAHİBİYLE KONUŞALIM," DEDİM. SEN NE DİYORSUN?

Nadia: BENCE DE İYİ OLUR. Ah, kıstı sesini.

Kadek: Belki bağırdığımızı duymuştur.

Nadia: Olabilir.

Kadek: İşte bu yüzden, daha sakin bir mahalleye taşınmak istemiştim.

Nadia: Evet ama bu şehirde daha sakin tüm mahalleler daha pahalı.

Kadek: Hepsi değil. Dan ve Cindy, Crestview'da yaşıyor; hem sakin hem de oldukça uygun fiyatlı bir yerdeler.

Nadia: Bak bu doğru. Belki internette bakıp boş ev var mı diye bakmalıyız.

Kadek: Ne? Seni duyamıyorum.

Nadia: BELKİ DE İNTERNETTEN KİRALIK EV OLUP OLMADIĞINA BAKMALIYIZ.

Kadek: Tamam. Haydi, şimdi bakalım. Burada daha fazla durursak sesimizden olacağız!

ANNOYİNG NEİGHBORS

Nadia: Our neighbor is playing loud music again!

Kadek: Ugh. I thought he said he would keep the music down!

Nadia: I guess he changed his mind. We've talked to him about it three times. It's so rude!

Kadek: What can we do?

Nadia: Should we talk to our landlord?

Kadek: Hmm… maybe we should talk to him one more time and then talk to the landlord?

Nadia: What? I can't hear you over the music!

Kadek: I SAID WE SHOULD TALK TO HIM ONE MORE TIME AND THEN TALK TO THE LANDLORD. WHAT DO YOU THINK?

Nadia: I THINK THAT'S A GOOD IDEA. Oh, he turned it down.

Kadek: Maybe he heard us shouting.

Nadia: Possibly.

Kadek: This is why I want to move to a quieter neighborhood.

Nadia: Yeah. But all the quieter neighborhoods in this city are more expensive.

Kadek: Not all of them. Dan and Cindy live in Crestview, which is pretty quiet and affordable.

Nadia: That's true. Maybe we should look online and see if there are any available apartments.

Kadek: What? I can't hear you.

Nadia: MAYBE WE SHOULD LOOK ONLINE AND SEE IF THERE ARE ANY APARTMENTS FOR RENT.

Kadek: Okay. Let's do it now. We're going to lose our voices if we stay here much longer!

49 BERBERDE YANLIŞ ANLAŞILMA - MISCOMMUNICATION AT THE SALON (A2)

Briana: Merhaba Dominic! Seni görmek ne güzel! İçeri geç, otur.

Dominic: Teşekkürler Briana.

Briana: Vay canına, saçın amma uzamış! Kestirmeye hazır mısın?

Dominic: Elbette hazırım! Yarınki görüşmem için iyi görünmeliyim.

Briana: Bu konuda sana yardım edebilirim. Bugün ne yapmamı istersin?

Dominic: Üst tarafı uzun, yanları da çok kısa kesmeni istiyorum

Briana: Üstleri de kesmemi istiyor musun?

Dominic: Evet, üstten de iki santim kadar alabilirsin.

Briana: Tamamdır. Onun dışında her şey nasıl gidiyor?

Dominic: Her şey yolunda. Sadece yarınki görüşmemin iyi geçeceğinden emin olmak istiyorum.

Briana: Eminim yarınki görüşmede çok iyi iş çıkaracaksın.

Dominic: Umarım.

Briana: Kız arkadaşın nasıl?

Dominic: O iyi. Haftaya birlikte seyahate çıkacağız.

Briana: Nereye gidiyorsunuz?

Dominic: Birlikte Bali'ye gideceğiz.

Briana: Çok heyecanlı! Bali'nin çok güzel olduğunu duydum.

Dominic: Evet, ben de çok heyecanlıyım!

Briana: Seyahatiniz ne kadar sürecek?

Dominic: Yaklaşık iki haftalığına gidiyoruz.

Briana: Senin adına sevindim!

Dominic: Teşekkürler! Ben aslında… Bir saniye! Ne yapıyorsun?

Briana: Hı? Yanlış bir şey mi yaptım?

Dominic: Çok fazla saç kesmişsin!

Briana: Ne demek istiyorsun? İki santim kadar bırak dedin, değil mi?

Dominic: Hayır, iki santim kadar kes dedim!

Briana: Aaa, çok üzgünüm. Bu kesimden para almayacağım. Durumu düzelteceğiz!

MISCOMMUNICATION AT THE SALON

Briana: Hi, Dominic! Good to see you! Come in and have a seat.

Dominic: Thanks, Briana.

Briana: Wow, your hair is getting long! Are you ready for your haircut?

Dominic: I sure am! I need to look good for my interview tomorrow.

Briana: I can help with that. What would you like me to do today?

Dominic: I want to keep the top long and the sides very short.

Briana: Do you want me to cut the top?

Dominic: Yes, let's cut an inch off the top.

Briana: Gotcha. How is everything else going?

Dominic: Everything else is going okay. I just need to make sure my interview goes well tomorrow.

Briana: I'm sure you will do well on your interview.

Dominic: I hope so.

Briana: How is your girlfriend doing?

Dominic: She is good. We're going on a trip together next week.

Briana: Where are you going?

Dominic: We're going to Bali together.

Briana: That sounds exciting! I heard Bali is beautiful.

Dominic: Yes, I am very excited!

Briana: How long is your trip?

Dominic: We are going for about two weeks.

Briana: I'm happy for you!

Dominic: Thanks! I actually—hey! What are you doing?

Briana: Huh? Did I do something wrong?

Dominic: You cut off so much hair!

Briana: What do you mean? You said leave an inch of hair, right?

Dominic: No, I said cut off an inch!

Briana: Oh… I'm so sorry. I won't charge you for this cut. We can fix this!

50 ANAHTARLARIM ARABADA KILITLI KALDI - I LOCKED MY KEYS IN THE CAR (A2)

Azad: Ah, olamaz.

Brenna: Ne oldu?

Azad: Çok aptalca bir şey yaptım.

Brenna: Ne yaptın?

Azad: Anahtarlar içerideyken arabayı kilitledim.

Brenna: Ah, deme. Nasıl oldu bu?

Azad: Arabadaki tüm poşetleri almaya çalışıyordum, sonra dikkatim dağıldı ve anahtarları koltukta bıraktım.

Brenna: Ne yapsak?

Azad: Sanırım çilingir çağırmamız gerek.

Brenna: Çilingirler çok pahalı! Anahtarları arabamda bıraktığım son sefer, yüz dolar ödemek zorunda kalmıştım. Üstelik arabayı açması beş dakikasını almıştı!

Azad: Biliyorum. Tam bir soygun ama anahtarları başka türlü nasıl alabileceğimi bilmiyorum.

Brenna: Camı biraz açmayı deneyebilir misin?

Azad: Denerim.

(Beş dakika sonra...)

Azad: Yapamıyorum! Çilingiri aramalıyım.

Brenna: Tamam. İnternetten baktım, ucuz bir tane buldum. Sadece yetmiş dolar ücret alıyor.

Azad: Ucuz mu?

Brenna: Aslında değil ama yüz dolardan iyidir.

Azad: Evet, sanırım.

Brenna: Kırk beş dakikaya burada olacağını söyledi.

Azad: Kırk beş dakika mı?!

Brenna: En hızlı şekilde ancak o zaman gelebilirmiş! Anahtarları arabada bırakmak senin hatan.

Azad: Haklısın. Bundan sonra anahtarlarıma çok dikkat edeceğim!

I LOCKED MY KEYS IN THE CAR

Azad: Oh, no.

Brenna: What?

Azad: I just did something stupid.

Brenna: What did you do?

Azad: I locked my keys in the car.

Brenna: Oh, dear. How did that happen?

Azad: I was trying to take all of these bags out of the car. Then I got distracted and left my keys on the seat.

Brenna: What should we do?

Azad: I think we need to call a locksmith.

Brenna: Locksmiths are so expensive! The last time I locked my keys in the car I had to pay one hundred dollars. And it only took him five minutes to open the car!

Azad: I know. It's a rip-off. But I don't know how to get the keys out.

Brenna: Can you try to open the window a little?

Azad: I'll try.

(Five minutes later...)

Azad: I can't do it! I have to call the locksmith.

Brenna: Okay. I looked online and found a cheap one. He only charges seventy-five dollars.

Azad: That's cheap?

Brenna: Well, no. But it's better than one hundred dollars!

Azad: Yeah, I guess.

Brenna: He said he'll be here in forty-five minutes.

Azad: Forty-five minutes?!

Brenna: That's the fastest he can get here! It's your fault for locking the keys in the car.

Azad: You're right. From now on I'm going to be so careful with my keys!

51 KOYUNLARI SAYARKEN - COUNTING SHEEP (A2)

Ulrich: Merhaba Eliza.

Eliza: Selam Ulrich. Nasılsın?

Ulrich: İyiyim.

Eliza: Emin misin? Pek iyi görünmüyorsun.

Ulrich: Dün akşam yalnızca iki saat uyudum.

Eliza: Hayır, olamaz!

Ulrich: Çok yorgunum.

Eliza: Ne oldu ki dün akşam?

Ulrich: Pek bilmiyorum. Bir türlü uyuyamadım.

Eliza: Bu çok garip.

Ulrich: Evet, biliyorum. Ne yapacağımı bilmiyorum.

Eliza: Yatmadan önce süt içmeyi denedin mi?

Ulrich: Hayır, süt sevmem.

Eliza: Anladım.

Ulrich: On yaşımdan beri süt içmiyorum.

Eliza: Uzun zaman olmuş.

Ulrich: Öyle. Başka bir fikrin var mı?

Eliza: Koyunları saymayı denedin mi?

Ulrich: Hiç koyunum yok ki.

Eliza: Hayır, yani hayali koyunları saymaktan bahsediyorum.

Ulrich: Bu, işe yarıyor mu?

Eliza: Çoğu kişide işe yaradığını duydum.

Ulrich: Peki, nasıl yapacağım?

Eliza: İlk olarak, hayali bir koyunun çit üzerinden atladığını düşüneceksin. Bu ilk koyun olacak.

Ulrich: Sonra ne yapacağım?

Eliza: İkinci olarak, çitin üzerinden ikinci bir koyunun atladığını düşüneceksin. Bu da ikinci koyun olacak.

Ulrich: Tamam.

Eliza: Uykuya dalana kadar koyun saymaya devam edeceksin. Bir dene!

Ulrich: Bir, iki, üç, dört... Beş... Al....

Eliza: Hmm, Ulrich?

Ulrich: Zzzzz...

Eliza: Uyuyakaldı. Galiba çok yorulmuş.

COUNTING SHEEP

Ulrich: Hi, Eliza.

Eliza: Hi, Ulrich. How are you?

Ulrich: I'm okay.

Eliza: Are you sure? You don't look well.

Ulrich: I only slept two hours last night.

Eliza: Oh, no!

Ulrich: I am so tired.

Eliza: What happened last night?

Ulrich: I'm not sure. I just couldn't fall asleep.

Eliza: That's strange.

Ulrich: I know. I don't know what to do.

Eliza: Have you tried drinking milk before you go to bed?

Ulrich: No, I don't like milk.

Eliza: I understand.

Ulrich: I stopped drinking milk when I was ten.

Eliza: That was a long time ago.

Ulrich: It was. Do you have another idea?

Eliza: Have you tried counting sheep?

Ulrich: I don't own any sheep.

Eliza: No, I mean counting imaginary sheep.

Ulrich: Does that work?

Eliza: I heard it works for many people.

Ulrich: Okay, so what do I do?

Eliza: First, imagine one sheep jumping over a fence. That will be your first sheep.

Ulrich: And then what?

Eliza: Second, imagine another sheep jumping over a fence. That will be your second sheep.

Ulrich: Okay.

Eliza: You count these sheep until you fall asleep. Try it!

Ulrich: One, two, three, four… five… si….

Eliza: Uh… Ulrich?

Ulrich: Zzzzz.

Eliza: He fell asleep. I guess he was very tired.

52 ÜNIVERSITENIN ILK GÜNÜ - FIRST DAY AT COLLEGE (A2)

Annesi: Büyük gün için hazır mısın?

Trevor: Evet, hazırım. Sen ve babam, iyi misiniz?

Annesi: Sanırım iyiyiz. Seni özleyeceğiz.

Trevor: Anne, okul yalnızca iki saat uzaklıkta.

Annesi: Yine de seni özleyeceğiz.

Trevor: Peki.

Annesi: Heyecanlı mısın?

Trevor: Evet. Biraz da gerginim.

Annesi: Bu çok normal! Orada çok eğleneceksin.

Trevor: Umarım.

Annesi: John ne zaman buraya gelecek?

Trevor: Bilmiyorum.

Annesi: Seninle birlikte okula gideceğine seviniyorum.

Trevor: Ben de. John harika bir oda arkadaşı olacak.

Annesi: Derslerin için hazır mısın?

Trevor: Hayır ama dersler haftaya başlıyor. Daha çok vakit var.

Annesi: Eşyaların için yardım ister misin?

Trevor: Hayır, sanırım diğer öğrenciler yardım eder.

Annesi: Emin misin?

Trevor: Evet anne. Sen eve gidebilirsin. Ben halledeceğim.

Annesi: Birlikte öğle yemeği yemek ister misin?

Trevor: Hayır, öğle yemeği bugün ücretsiz. Diğer tüm öğrenciler orada olacak.

Annesi: Tamam…

Trevor: Anne, ben iyi olacağım.

Annesi: Öyle diyorsan.

Trevor: Seni seviyorum. Babama iyi olacağımı söyle.

Annesi: Ben de seni seviyorum. Harika vakit geçir!

FİRST DAY AT COLLEGE

Mom: Are you ready for your big day?

Trevor: Yep. Are you and Dad going to be okay?

Mom: I think we will be okay. We are going to miss you.

Trevor: Mom, school is only two hours away.

Mom: We will still miss you.

Trevor: All right.

Mom: Are you excited?

Trevor: Yeah. I'm also a little nervous.

Mom: That's okay! You will have lots of fun.

Trevor: I hope so.

Mom: When will John be here?

Trevor: I don't know.

Mom: I'm glad he is going to school with you.

Trevor: Me too. John is going to be a great roommate.

Mom: Are you ready for class?

Trevor: No, but classes start next week. I have lots of time.

Mom: Do you need help with your things?

Trevor: No, I think other students will help.

Mom: Are you sure?

Trevor: Yes, Mom. You can go home. I will be fine.

Mom: Do you want to get lunch together?

Trevor: No, lunch is free today. All of the other students will be there.

Mom: Okay…

Trevor: Mom, I will be fine.

Mom: If you say so.

Trevor: I love you. Tell Dad I will be fine.

Mom: I love you, too. Have a great time!

53 HAYVANAT BAHÇESINDE BIR KAÇAK VAR! - ESCAPED ANIMAL AT THE ZOO (A2)

Tina: Merhaba Jeff! Bugün nasılsın?

Jeff: İyiyim. Şey, bugün Tony'yi gördün mü acaba?

Tina: Tony kim? Nasıl birine benziyor?

Jeff: Tony burada yaşıyor. Turuncu ve beyazlı siyahlı çizgileri var; ayrıca iki yüz yirmi altı kilo ağırlığında.

Tina: Oldukça ağırmış! Dur biraz... Turuncu ve beyazlı siyahlı çizgileri mi var?

Jeff: Evet.

Tina: Tony'nin kürkü var mı?

Jeff: Olabilir.

Tina: Tony, bir kaplan mı? Kaplanımız kaçtı mı?

Jeff: Evet! Ama aramızda kalsın! Başımın belaya girmesini istemiyorum. Hayvanat bahçesi açılmadan önce Tony'yi bulmamız gerek.

Tina: Hmm, evet, bulmalıyız.

Jeff: Bana yardım eder misin?

Tina: Elbette. Bunun nasıl olduğunu bana anlatır mısın?

Jeff: Kafesini temizlemek için kapıyı açtım ama beni yere düşürüp kaçtı.

Tina: Hayır, olamaz! Nereye gittiğini gördün mü?

Jeff: Sanırım şu tarafa gitti ama artık onu göremiyorum.

Tina: Nerede olabilir?

Jeff: Emin değilim. Kahvaltı ettiği için karnı tok olmalı. Tanrım, bugün hava çok sıcak!

Tina: Tamam, işte bu!

Jeff: Ne işte bu?

Tina: Bugün hava çok sıcak ve kaplanlar suyu sever. Onun gölün orada olduğuna bahse girerim.

Jeff: Haklı olabilirsin!

Tina: Bak, orada! Acele et, onu yakalayalım!

ESCAPED ANİMAL AT THE ZOO

Tina: Hey, Jeff! How are you today?

Jeff: I'm good. Actually, have you seen Tony?

Tina: Who is Tony? What does he look like?

Jeff: Tony lives here. He's orange and white with black stripes and he weighs about five hundred pounds.

Tina: He's pretty heavy! Wait… orange and white with black stripes?

Jeff: Yes.

Tina: Is Tony furry?

Jeff: Maybe.

Tina: Is Tony a tiger? Did our tiger escape?

Jeff: Yes! But keep it down! I don't want to get in trouble. We have to find Tony before the zoo opens.

Tina: Umm, yes, we do.

Jeff: Will you help me?

Tina: Sure. Can you tell me how this happened?

Jeff: Well, I opened the door to clean his enclosure but he knocked me over and ran away.

Tina: Oh, no! Did you see where he went?

Jeff: I think he went this way, but I don't see him anymore.

Tina: Where could he be?

Jeff: I'm not sure. He should be full from breakfast. Gosh, it's so hot today!

Tina: That's it!

Jeff: What's it?

Tina: It's so hot today and tigers like the water. I bet he's at the pond.

Jeff: You may be right!

Tina: Look, there he is! Hurry up and catch him!

Peter: Bunu duydun mu?

Gwen: Hayır.

Peter: Sanırım dışarıdan gelen bir ses duydum.

Gwen: Nerede?

Peter: Galiba ağaçların oradan geliyordu.

Gwen: Nasıl bir sesti?

Peter: Sanki pat diye bir ses geldi.

Gwen: Ateşten gelen ses olmadığına emin misin? Yanan ateşten pat pat diye seslerin geldiğini duyuyorum.

Peter: Muhtemelen haklısın.

Gwen: Beni böyle korkutma.

Peter: Üzgünüm.

Gwen: Acıkmaya başladım.

Peter: Sosisler hazır sayılır. Ekmekleri getirdin mi?

Gwen: Evet, işte buradalar. Sosisler çok güzel görünüyor!

Peter: Evet! Al bakalım, bu seninki.

Gwen: Teşekkürler. Biraz ketçap ister misin?

Peter: Hayır, yalnız hardal, lütfen.

Gwen: Hiç hardal getirmedim. Üzgünüm!

Peter: Sorun değil. Suyun var mı?

Gwen: Evet, al bakalım.

Peter: Burası şahane bir orman.

Gwen: Bence de. Ormanda kamp yapmaya bayılıyorum.

Peter: Sabah gün doğumunu izlemek istiyorum.

Gwen: Ben de. Gün saat 06.00'da ağaracak, o yüzden erken kalkmamız gerek.

Peter: Haklısın. Haydi yatalım.

Gwen: Tamam, çadırı getirdin mi?

Peter: Elbette! Bana yardım eder misin?

Gwen: Tabii!

CAMPİNG TRİP

Peter: Did you hear that?

Gwen: No.

Peter: I think I heard something out there.

Gwen: Where?

Peter: I think the noise was coming from those trees.

Gwen: What did the noise sound like?

Peter: It sounded like something popped.

Gwen: Are you sure it wasn't the fire? I've been listening to the fire making popping noises.

Peter: You're probably right.

Gwen: Don't scare me like that.

Peter: I'm sorry.

Gwen: I'm getting hungry.

Peter: I think the hotdogs are ready. Did you bring the buns?

Gwen: Yeah, they're right here. Those hotdogs look really good!

Peter: Yeah! Here, this one is yours.

Gwen: Thank you. Do you want some ketchup?

Peter: No, just mustard, please.

Gwen: I didn't bring any mustard. Sorry!

Peter: That's okay. Do you have any water?

Gwen: Yes, here you go.

Peter: This is a lovely forest.

Gwen: I think so, too. I love camping in the forest.

Peter: I want to watch the sunrise in the morning.

Gwen: Me too. Sunrise is at 6 a.m., so we need to wake up very early.

Peter: You're right. Let's go to bed.

Gwen: Okay, did you bring the tent?

Peter: Of course! Can you help me with it?

Gwen: Sure!

55 EN IYI ARKADAŞIMIN AILESI - MY BEST FRIEND'S FAMILY (A2)

Klaus: Bu hafta sonu ne yapıyorsun?

Viviana: Henüz bilmiyorum. Ya sen?

Klaus: Arkadaşım Adam'ın ailesiyle bir seyahate çıkıyoruz.

Viviana: Ciddi misin? Ailesiyle yakın mısınız?

Klaus: Evet, benim ikinci ailem gibiler.

Viviana: Ne güzel. Ne yapacaksınız?

Klaus: Göl kenarında bir evleri var, oraya gideceğiz.

Viviana: Harika! Adam'la kaç senedir arkadaşsınız?

Klaus: Yaklaşık on iki senedir. İlkokulda tanıştık.

Viviana: Adam'ın kardeşi var mı?

Klaus: Evet. Bir kız kardeşi var.

Viviana: Kaç yaşında?

Klaus: On altı. Hâlâ lisede.

Viviana: Anladım. O da göle gelecek mi?

Klaus: Sanırım. O da kız kardeşimin arkadaşı. Yani, büyük bir aile gibiyiz!

Viviana: Ah, vay canına! Bu mükemmel.

Klaus: Evet.

Viviana: Kız kardeşin de bu hafta sonu orada olacak mı?

Klaus: Hayır, akademik yeterlik sınavlarına hazırlanması gerekiyor.

Viviana: Hm, anladım.

Klaus: Onsuz gittiğimiz için bizi çok kıskanıyor.

Viviana: O zaman umarım iyi bir puan alır ve böylece ikinizin de ailesi birlikte kutlama yapar!

Klaus: Evet! Bu iyi bir fikir.

MY BEST FRİEND'S FAMİLY

Klaus: What will you do this weekend?

Viviana: I don't know yet. What about you?

Klaus: I am going on a trip with my friend Adam's family.

Viviana: Oh, really? Are you close to his family?

Klaus: Yes, they're like my second family.

Viviana: That's so nice. What will you do?

Klaus: They have a house by the lake. So, we are going there.

Viviana: Cool! How many years have you been friends with Adam?

Klaus: About twelve years. We met in elementary school.

Viviana: Aww. Does Adam have siblings?

Klaus: Yes. He has a younger sister.

Viviana: How old is she?

Klaus: She's sixteen. She's still in high school.

Viviana: I see. Will she go to the lake, too?

Klaus: I think so. She's also friends with my sister. So, it's like we're one big family!

Viviana: Oh, wow! That's perfect.

Klaus: It is.

Viviana: Will your sister be there this weekend?

Klaus: No, she has to study for the SATs.

Viviana: Oh, I see.

Klaus: She's really jealous that we are going without her.

Viviana: Well, hopefully she gets a good score and then both of your families can celebrate together!

Klaus: Yes! That's a good idea.

56 FUTBOL SAKATLIĞI - A SOCCER İNJURY (A2)

Logan: Sanırım hastaneye gitmem gerekiyor.

Mia: Neden?

Logan: Futbol oynarken ayağımı incittim.

Mia: Hayır, olamaz! Nasıl oldu?

Logan: Top sürüyordum, diğer takımın oyuncusu ayağıma bastı. İlk başta çok canım yanmadı ama birkaç dakika sonra çok ağrımaya başladı. Ben de koça durumu anlattım ve o da beni oyundan aldı. Kırıldığını sanmıyorum ama bir terslik var.

Mia: Üstüne basarak yürüyebiliyor musun?

Logan: Birazcık ama ayağıma çok fazla ağırlık vermek istemiyorum.

Mia: Üzerine buz koydun mu?

Logan: Hayır, henüz değil.

Mia: Buz koymalısın. Hemşire arkadaşım Katie'yi arayacağım.

Logan: Tamam. Teşekkürler.

(Beş dakika sonra...)

Mia: Katie, ayağına buz koymanı ve üzerine basmamanı söyledi. Acile gitmeyi denemen gerekiyormuş.

Logan: Ah, tamam.

Mia: Saat iki buçukta seni oraya götürebilirim.

Logan: Teşekkürler! Beni orada beklemene gerek yok. Yalnızca bıraksan yeterli.

Mia: Beklerim. Okul için çok okuma yapmam lazım.

Logan: Emin misin?

Mia: Evet, dert değil! Yakında görüşürüz.

Logan: Çok teşekkür ederim! İki buçukta görüşürüz.

A SOCCER İNJURY

Logan: I think I should go to the hospital.

Mia: Why?

Logan: I hurt my foot playing soccer.

Mia: Oh, no! What happened?

Logan: I was dribbling the ball and a guy on the other team stepped on my foot. It didn't really hurt at first, but then a few minutes later I was in a lot of pain. So, I told my coach and he took me out of the game. I don't think it's broken, but something is wrong.

Mia: Can you walk on it?

Logan: A little, but I don't want to put too much weight on my foot.

Mia: Have you put ice on it?

Logan: No, not yet.

Mia: You should ice it. I'll call my friend Katie who's a nurse.

Logan: Okay, thanks.

(Five minutes later...)

Mia: Katie said to ice the foot and don't walk on it. She said you should try to go to urgent care today.

Logan: Ugh, all right.

Mia: I can drive you there at two thirty.

Logan: Thanks! You don't have to wait there with me. You can just drop me off.

Mia: I don't mind waiting. I have a lot of reading to do for school.

Logan: Are you sure?

Mia: Yeah, no worries! I'll see you soon.

Logan: Thanks so much! I'll see you at two thirty.

57 TRAFİK SIKIŞIKLIĞI - STUCK IN TRAFFIC (A2)

Ava: Neden önümüzde bu kadar çok kırmızı ışık var?

Danny: Trafik sıkışmış gibi görünüyor.

Ava: Off, trafikten nefret ediyorum! Yoğun saatlerde bile değiliz üstelik.

Danny: Belki kaza olmuştur.

Ava: Olabilir. Telefonundaki trafik uygulamasından bilgi almayı deneyebilir misin?

Danny: Elbette. Uygulamaya göre on altı kilometre daha trafik var.

Ava: On altı kilometre mi?! Bu çok uzun bir süre!

Danny: Evet ama trafik yoğunluğu yalnızca sekiz kilometre daha devam ediyor. Ondan sonra biraz daha iyi. Bence kaza var.

Ava: Umarım her şey yolundadır.

Danny: Umarım; aslına bakarsan, bir kestirme buldum galiba.

Ava: Gerçekten mi?

Danny: Evet, şu an haritalar uygulamasına bakıyorum. Trafiğe girmeden kaçabileceğimiz bir rota var.

Ava: Harika!

Danny: Fakat diğer rotayı takip etmeden önce, daha sıkışık bir trafikte 5 kilometre kadar ilerlememiz gerekiyor.

Ava: Sorun değil. Bununla yaşayabilirim.

Danny: Tamam, buradan çık!

Ava: Tamam. Sonra ne yapıyoruz?

Danny: Bir buçuk kilometre düz git, sonra Headway Place'ten sağa dön. Ondan sonra 5 kilometre daha gidersen varıyoruz!

Ava: Trafiği de atlatıyoruz!

Danny: Evet.

STUCK IN TRAFFIC

Ava: Why are there so many red lights up ahead?

Danny: It looks like a traffic jam.

Ava: Ugh, I hate traffic! It's not even rush hour.

Danny: Maybe there was an accident.

Ava: Maybe. Can you try to find information about the traffic on your phone?

Danny: Sure. According to the app, there will be traffic for another ten miles.

Ava: Ten miles?! That's a long time!

Danny: Yes, but the traffic is only heavy for about five miles. After that it gets a little better. I think there was an accident.

Ava: Well, I hope everyone is okay.

Danny: Me too. Actually, I think I found a shortcut.

Ava: Really?

Danny: Yeah. I'm looking at my maps app. There is a route we can take that will help us avoid the traffic.

Ava: Great!

Danny: But we will be stuck in traffic for another three miles before we can take the other route.

Ava: That's okay. I can deal with it.

Danny: All right, exit here!

Ava: Okay. Then what?

Danny: Go straight for one mile, then turn right on Headway Place. After that, we go straight for thirteen miles, and then we arrive!

Ava: And we skip the traffic!

Danny: Yep.

58 KOVULDUN! - YOU'RE FIRED (A2)

Alexis: Merhaba David. Ofisime gelebilir misin? Bir konu hakkında seninle konuşmak istiyorum.

David: Tabii, gelirim.

Alexis: Seninle geç gelmen hakkında konuşmak istiyorum. Son zamanlarda yedi sekiz defa on dakikadan fazla geciktin. Bu konuyu konuşmuştuk ve vaktinde geleceğine söz vermiştin. Ancak işe geç gelmeye devam ediyorsun. Geç kalmaya devam edersen işine son vermem gerekecek.

David: Gerçekten çok üzgünüm. Üç ev arkadaşım var ve sürekli parti veriyorlar. Bazen gürültüden dolayı uyuyamıyorum. Bazen de bu şehre yeni taşındığım ve insanlarla kaynaşıp eğlenmek istediğim için ben partilere gidiyorum.

Alexis: Yeni insanlar tanıyıp eğlenmek istemeni anlıyorum ama bu senin işin. Vaktinde gelmen önemli.

David: Sekiz yerine sekiz buçukta gelmem mümkün mü? Akşam da beş yerine beş buçuğa kadar çalışırım.

Alexis: Hayır David. Çalışanlarımızın sekizde iş başı yapması gerekiyor.

David: Bunun adil olmadığını düşünüyorum. Çok çalışıyorum ve şirkete çok yardım ettim.

Alexis: Evet ama kurallara uymak zorundasın. Biliyorsun ki David, konuya yaklaşımın pek güzel değil. Bizim dakik ve sorumlu çalışanlara ihtiyacımız var. Bu cuma, iş yerindeki son günün.

David: Ne?!

Alexis: Üzgünüm David. Artık burada çalışamazsın.

YOU'RE FİRED

Alexis: Hi, David. Can I see you in my office? I want to talk to you about something.

David: Yeah, no problem.

Alexis: I want to talk to you about your tardiness. You have been more than ten minutes late seven or eight times recently. We talked to you about it and you promised to be punctual. But you are still coming to work late. If you continue to be late, we will have to terminate you.

David: I'm really sorry. I have three roommates and they always have parties. Sometimes I can't sleep because it's so loud. And sometimes I go to the parties because I just moved to this city and I want to meet people and have fun.

Alexis: I understand that you want to meet people and have fun, but this is your job. It's important that you are punctual.

David: Can I just arrive at work at eight thirty instead of eight o'clock? And then stay until five thirty instead of five o'clock?

Alexis: No, David. Our employees must arrive at eight o'clock.

David: I don't think that's fair. I work hard and I have helped the company a lot.

Alexis: Yes. But you have to respect the rules. You know, David… your attitude is not very good. We need employees that are punctual and responsible. This Friday will be your last day.

David: What?!

Alexis: I'm sorry, David. You can't work here anymore.

59 OTUZUNCU DOĞUM GÜNÜM - MY THIRTIETH BIRTHDAY (A2)

Daniela: Merhaba Nolan!

Nolan: Selam Daniela!

Daniela: Cuma akşamı için planın var mı?

Nolan: Cuma günü 19.00'a kadar çalışıyorum. Neden?

Daniela: Bu hafta sonu doğum günüm, cuma günü de bir parti veriyorum.

Nolan: Aa, harika! Parti saat kaçta?

Daniela: 18.00 civarında ama geç gelsen de önemli değil! Önce bir restorana gideceğiz, yemekten sonra da bara geçeceğiz. Bizimle barda buluşabilirsin.

Nolan: Olur tabii! Gelmeyi çok isterim. Seninle uzun zamandır görüşemiyoruz!

Daniela: Farkındayım! Her şey nasıl gidiyor?

Nolan: Her şey yolunda. İşimle meşgulüm.

Daniela: Ana nasıl?

Nolan: O da harika. Yeni işini çok seviyor.

Daniela: Harika.

Nolan: Hangi restorana gidiyorsunuz?

Daniela: Urban Pizzeria. Gittin mi daha önce?

Nolan: Hayır ama arkadaşım gitmiş, çok güzel olduğunu söylemişti.

Daniela: Yaşasın.

Nolan: Sonrasında hangi bara gideceksiniz?

Daniela: Henüz bilmiyorum ama sana haber veririm!

Nolan: Tamam, harika. Bu hafta sonu görüşürüz. A, bu arada, kaçıncı doğum gününü kutluyoruz?

Daniela: Otuzuncu. Artık resmen yaşlıyım!

Nolan: Hayır, değilsin! Hâlâ yirmi bir yaşında görünüyorsun.

Daniela: Ah, vay be! Teşekkür ederim! Cuma akşamı sana içki ısmarlayayım.

Nolan: Ha ha, tamam!

MY THIRTIETH BIRTHDAY

Daniela: Hi, Nolan!

Nolan: Hey, Daniela!

Daniela: Do you have plans on Friday night?

Nolan: I work until 7 p.m. on Friday. Why?

Daniela: It's my birthday this weekend and I'm having a party on Friday.

Nolan: Oh, cool! What time is the party?

Daniela: Around 6:00 p.m. But if you get there late, it's okay! We are going to a restaurant and then a bar after we finish dinner. You can meet us at the bar.

Nolan: Okay! I would love to go. I haven't seen you in a long time!

Daniela: I know! How is everything going?

Nolan: It's good. Just busy with work.

Daniela: How's Ana?

Nolan: She's great. She loves her new job.

Daniela: Awesome.

Nolan: So, which restaurant are you going to?

Daniela: Urban Pizzeria. Have you been there?

Nolan: No, but my friend went there and said it was really good.

Daniela: Yay.

Nolan: And which bar are you going to later?

Daniela: I'm not sure yet, but I will let you know!

Nolan: Sounds good. I'll see you this weekend! Oh, and which birthday is this?

Daniela: It's my thirtieth. I'm officially old!

Nolan: No you're not! And you still look like you're twenty-one.

Daniela: Oh, wow. Thank you! I'm buying you a drink on Friday.

Nolan: Ha ha, okay!

60 O, BENIM! - THAT'S MINE (A2)

Mathias: Bak ne buldum! En sevdiğim tişörtü! Bunu iki ay önce kaybetmiştim.

Jacklyn: O benim tişörtüm.

Mathias: Hayır... Benim.

Jacklyn: O tişörtü bana vermiştin.

Mathias: Hayır vermemiştim. Yatarken giymek istediğin için ödünç vermiştim çünkü tüm pijamaların kirliydi. Sonra tişört yok oldu.

Jacklyn: Bana sonsuza kadar verdiğini sanmıştım.

Mathias: Hayır! Bu tişörtü seviyorum. Ödünç almana izin vermiştim.

Jacklyn: Hmm...

Mathias: Kanepenin arkasında buldum. Oraya nasıl girmiş olabilir ki?

Jacklyn: Bilmiyorum. Sanırım daha sık temizlik yapmamız lazım!

Mathias: Evet.

Jacklyn: O zaman... Tişörtü alabilir miyim?

Mathias: Hayır! Bu benim en sevdiğim tişört.

Jacklyn: Peki, ortak kullansak?

Mathias: Arada bir giyebilirsin ama önce bana sorman lazım.

Jacklyn: Ha ha, ciddi misin?

Mathias: Evet! Sen bir tişört hırsızısın.

Jacklyn: Tamam, peki.

THAT'S MINE

Mathias: Look what I found! My favorite T-shirt! I lost this two months ago.

Jacklyn: That's my T-shirt.

Mathias: No... it's mine.

Jacklyn: You gave that shirt to me.

Mathias: No, I didn't. I lent it to you because you wanted to wear it to bed when all your other pajamas were dirty. And then it disappeared.

Jacklyn: I thought you were giving it to me forever.

Mathias: No! I love this shirt. I was just letting you borrow it.

Jacklyn: Oh...

Mathias: I found it behind the sofa. How did it get back there?

Jacklyn: I don't know. I think we need to clean more often!

Mathias: Yeah.

Jacklyn: So... can I have the shirt?

Mathias: No! It's my favorite T-shirt.

Jacklyn: Can we share it?

Mathias: You can wear it once in a while. But you have to ask me first.

Jacklyn: Ha ha, really?

Mathias: Yes! You're a T-shirt thief.

Jacklyn: Okay, fine.

61 YEŞILE DÜŞKÜNLÜK - A GREEN THUMB (A2)

Rich: Merhaba Maryann.

Maryann: Merhaba Rich! Bugün nasılsın?

Rich: Harika. Sen nasılsın?

Maryann: İyiyim. Bitkilerimi suluyordum.

Rich: Aslında, ben de seninle bitkilerin hakkında konuşmak istiyordum.

Maryann: Aa, gerçekten mi?

Rich: Evet. Ailemle beraber iki haftalık bir seyahate çıkıyoruz, burada yokken bitkilerimizi sular mısın diye soracaktım.

Maryann: Elbette! En sevdiğim komşularıma yardım etmek, beni her zaman mutlu eder.

Rich: Çok teşekkürler! Bitkilerden hiç anlamıyorum. Ne kadar su vermem, ne kadar güneşte bırakmam gerektiğini hiç bilmiyorum. Bitkilerim hep ölüyor.

Maryann: Ah, hayır! İstersen bitkiler hakkında sana biraz bilgi verebilirim. İnsanlar yeşile düşkün olduğumu söylerler.

Rich: Nasıl yani? Yeşil rengi mi seviyorsun?

Maryann: Ha ha. Hayır, renk *anlamında* söylemedim. "Yeşile düşkün olmak" demek, "bitkilerin dilinden anlamak" demektir.

Rich: Aa! Daha önce hiç duymamıştım.

Maryann: Ciddi misin?!

Rich: Ciddiyim.

Maryann: Artık ne demek olduğunu biliyorsun! Ben sana bitkileri öğrettikten sonra belki sen de yeşile düşkün olursun!

Rich: Umarım! Karım bitkileri hep öldürdüğümü söylüyor. Bitkilerimiz yaşarsa o mutlu olur.

Maryann: Eminim bitkilerin de mutlu olur!

A GREEN THUMB

Rich: Hi, Maryann.

Maryann: Hello, Rich! How are you today?

Rich: I'm great. How are you?

Maryann: I'm good. I'm just watering my plants.

Rich: I actually wanted to talk to you about your plants.

Maryann: Oh really?

Rich: Yes. My family and I are taking a trip for two weeks, and I wanted to ask you if you can water our plants while we are gone.

Maryann: Of course! I'm always happy to help my favorite neighbors.

Rich: Thanks so much! I am so bad with plants. I never know how much water or light to give them. They always die.

Maryann: Oh no! Well, I'm happy to teach you a little about plants. People say I have a green thumb.

Rich: What do you mean? Your thumb isn't green.

Maryann: Ha ha. No, I don't mean it's *actually* green. "A green thumb" means you are good at taking care of plants.

Rich: Oh! I've never heard that before.

Maryann: Really?!

Rich: Really.

Maryann: Well, now you know that expression! And after I teach you about plants, maybe your thumb will turn green, too!

Rich: I hope so! My wife says I always kill our plants. She will be happy if our plants stay alive.

Maryann: I'm sure your plants will be happy, too!

62 KUSURSUZ BIR GÜN - YOUR PERFECT DAY (A2)

Ji-hwan: Haydi, bir oyun oynayalım.

Juliette: Oyun mu? Nasıl bir oyun?

Ji-hwan: Gözlerini kapa ve kusursuz bir gün hayal et.

Juliette: Neden gözlerimi kapıyorum?

Ji-hwan: Daha iyi hayal kurmana yardımcı olacağı için.

Juliette: Tamam.

Ji-hwan: Peki, öyleyse söyle bakalım, güne nasıl başlıyorsun?

Juliette: Uyanıyorum ve Bali'de müthiş bir evin süper rahat yatağında uzanmışım.

Ji-hwan: Bali mi! Harika. Sonra?

Juliette: Yatak odamın dışındaki şelalenin sesini ve kuşların cıvıltısını duyuyorum. Dışarı çıktığımda harika bir manzarayla karşılaşıyorum. Özel bir havuzum var ve onun hemen arkasında da bir yağmur ormanı var. Etrafımda kelebekler uçuşuyor.

Ji-hwan: Kulağa harika geliyor. Şimdi ne yapıyorsun?

Juliette: Yakışıklı bir adam bana kahvaltı getiriyor.

Ji-hwan: Bir dakika... Ben mi yoksa başka bir yakışıklı adam mı?

Juliette: *Yakışıklı* bir adam dedim.

Ji-hwan: Çok adisin!

Juliette: Şaka yapıyorum! "Mükemmel bir gün" dedin, işte bu benim mükemmel bir günüm.

Ji-hwan: İyi, tamam. Devam et.

Juliette: Yakışıklı bir adam bana kahvaltı getiriyor. Kahvaltı çok lezzetli; çok keyif alıyorum ve müthiş bir manzaraya bakıyorum. Sonra yavru bir fil bana doğru geliyor ve birlikte bir saat kadar oynuyoruz.

Ji-hwan: Vay canına.

Juliette: Sonra da nehirde ve evimin yakınındaki şelalede yüzüyorum.

Ji-hwan: Ben de orada mıyım?

Juliette: Evet, şimdi benimle birliktesin. Uyuyordun ama yavru fil seni uyandırdı. Sonra tüm gün sahilleri ve ormanları keşfediyoruz!

Ji-hwan: Kulağa müthiş geliyor! Bunu gerçek hayatta da yapabilir miyiz?

Juliette: Evet. Sadece, önce çok para kazanmamız lazım!

Ji-hwan: Ha ha, tamam! İşte şimdi motive oldum!

YOUR PERFECT DAY

Ji-hwan: Let's play a game.

Juliette: A game? What kind of game?

Ji-hwan: Close your eyes and imagine your perfect day.

Juliette: Why do I need to close my eyes?

Ji-hwan: Because it will help you imagine it better.

Juliette: Okay.

Ji-hwan: All right, so how do you begin your day?

Juliette: I wake up, and I am in a super comfortable bed in an amazing house in Bali.

Ji-hwan: Bali! Cool. Then what?

Juliette: I hear the sound of a waterfall outside my bedroom, and the birds are chirping. I walk outside and I see a beautiful view. I have a private pool and behind my private pool there is a rainforest. And there are butterflies flying around me.

Ji-hwan: That sounds beautiful. What do you do now?

Juliette: A handsome man delivers breakfast to me.

Ji-hwan: Wait—me or a different handsome man?

Juliette: I said a *handsome* man.

Ji-hwan: That's mean!

Juliette: I'm kidding! You said "perfect day" and this is my perfect day.

Ji-hwan: Okay, fine. Continue.

Juliette: A handsome man delivers breakfast to me. It's delicious and I'm enjoying it and looking at the beautiful scenery. Then a baby elephant runs over to me and we play for an hour.

Ji-hwan: Wow.

Juliette: And then I swim in the river and the waterfall near my house.

Ji-hwan: Am I there?

Juliette: Yes, now you're with me. You were sleeping but the baby elephant woke you up. Then we explore beaches and jungles all day!

Ji-hwan: That sounds amazing! Can we do that in real life?

Juliette: Yes. We just need to make a lot more money first!

Ji-hwan: Ha ha, okay! Now I'm motivated!

63 HANGI DILI ÖĞRENMEK ISTIYORSUN? - WHAT LANGUAGE DO YOU WANT TO LEARN? (A2)

Vanessa: Jay, kaç dil konuşuyorsun?

Jay: Yalnızca İngilizce. Lisedeyken İspanyolca dersi almıştım o yüzden biraz İspanyolca biliyorum. Ya sen?

Vanessa: İngilizce ve İspanyolca konuşuyorum, ortaokulda ve lisedeyken Fransızca öğrenmiştim.

Jay: Ah, vay canına! Fransızcayı öğrenmek senin için zor muydu?

Vanessa: Pek değil. İspanyolcaya benziyor.

Jay: Evet, mantıklı. İspanyolca ve İngilizce de birbirine benziyor.

Vanessa: Doğru. Mesela, İngilizce ve Çince ile kıyaslayınca daha çok benzeşiyorlar!

Jay: Evet, çok daha yakınlar! Aslında ben Çince öğrenmek istiyorum.

Vanessa: Gerçekten mi? Neden?

Jay: Şey, çünkü iş insanı olmak istiyorum ve bence Çince gelecekte oldukça kullanışlı bir dil olacak.

Vanessa: Evet, öyle. Ama Çince öğrenmesi çok zor bir dil, öyle değil mi?

Jay: Evet, öyle. Özellikle okuması, yazması ve telaffuzu çok zor.

Vanessa: Nasıl çalışıyorsun?

Jay: Bir ders kitabım var ve internette de Çince TV programları izliyorum.

Vanessa: Bu harika! Çince öğrenmeye ne zaman başladın?

Jay: Yaklaşık üç ay önce. Hala başlangıç seviyesindeyim ama birkaç cümle söyleyebiliyorum; o yüzden gidişattan memnunum.

Vanessa: Çok iyi! Bence de Çince öğrenmek iyi bir fikir. İş başvurusu yaparken şirketler başvuruna daha çok ilgi gösterecek.

Jay: Umuyorum. Sen hangi dili öğrenmek istiyorsun?

Vanessa: Ben İtalyanca öğrenmek istiyorum. Bence çok güzel bir dil.

Jay: Katılıyorum! İtalyanca öğrenmelisin.

Vanessa: Aslında, bana ilham verdin. Sanırım öğrenmeye hemen başlayacağım!

Jay: Harika!

WHAT LANGUAGE DO YOU WANT TO LEARN?

Vanessa: How many languages do you speak, Jay?

Jay: Just English. I studied Spanish in high school so I know a little bit of it. What about you?

Vanessa: I speak English and Spanish, and I studied French in middle school and high school.

Jay: Oh, wow! Was French hard for you to learn?

Vanessa: Not really. It's similar to Spanish.

Jay: Yeah, that makes sense. Spanish and English are similar, too.

Vanessa: True. They are more similar than English and Chinese, for example!

Jay: Yes, much more similar! Actually, I want to learn Chinese.

Vanessa: Really? Why?

Jay: Well, I want to be a businessman, and I think Chinese will be very useful in the future. It is becoming more widespread.

Vanessa: Yes, it is. But Chinese is very difficult to learn, right?

Jay: Yeah. It's very hard. Especially reading, writing, and pronunciation.

Vanessa: How are you studying?

Jay: I have a textbook and I watch some Chinese TV shows on the Internet.

Vanessa: That's so cool! When did you start learning Chinese?

Jay: About three months ago. I'm still a beginner. But I can say a few sentences, so I'm happy about that.

Vanessa: That's awesome! And I think it's a good idea to study Chinese. When you apply for jobs, the companies will be interested in your application.

Jay: I hope so. What language do you want to learn?

Vanessa: I want to learn Italian. I think it's so beautiful.

Jay: I agree! You should study Italian.

Vanessa: Actually, you are inspiring me. I think I will start learning it now!

Jay: Great!

64 ÇOK FAZLA AYAKKABIN VAR! - YOU HAVE TOO MANY SHOES! (A2)

Brandon: Steph, dolap ağzına kadar dolu! Kıyafetlerim için hiç yer yok.

Stephanie: Hay aksi, üzgünüm. Çok ayakkabım var.

Brandon: Çok fazla ayakkabın var! Kaç çift var burada?

Stephanie: Hmm… Geçen ay otuz dörttü ama geçen hafta bir çift daha aldım.

Brandon: Yani, otuz beş çift ayakkabın mı var?!

Stephanie: Evet.

Brandon: Gerçekten otuz beş çift ayakkabıya ihtiyacın mı var?

Stephanie: Ayakkabıları çok seviyorum ve çoğunu giyiyorum.

Brandon: Ama hepsini giymiyorsun. Birkaçını, ihtiyacı olanlara vermelisin.

Stephanie: Haklısın. Tüm ayakkabılarıma bakıp hangilerini tutmak istediğime karar vereceğim.

Brandon: Bence bu çok iyi bir fikir. Yardım ister misin?

Stephanie: Elbette.

Brandon: Tamam…. Bu mor olanlara ne dersin?

Stephanie: Onları seviyorum! Isabelle'in düğününde ve geçen seneki ofis partisinde onları giymiştim.

Brandon: Yani sadece iki kere mi giydin?

Stephanie: Evet.

Brandon: Tekrar ne zaman giyeceksin?

Stephanie: Bilmiyorum. Belki gelecek sene.

Brandon: Bunları gerçekten dolabında bir sene tutmayı mı istiyorsun? Onları birilerine bağışlayabilirsen başka insanlar da giyebilir.

Stephanie: Evet, haklısın. Hoşça kalın mor ayakkabılar. Sizleri giymek benim için bir zevkti!

Brandon: Aferin sana Steph! Tamam, peki ya bu mavi spor ayakkabılar…?

YOU HAVE TOO MANY SHOES!

Brandon: Steph, the closet is so full! There is no space for my clothes.

Stephanie: Oops. I'm sorry. I have a lot of shoes.

Brandon: You have too many shoes! And how many pairs of shoes do you have?

Stephanie: Umm… I had thirty-four last month. But I bought another pair last week.

Brandon: So, you have thirty-five pairs of shoes?!

Stephanie: Yes.

Brandon: Do you really need thirty-five pairs of shoes?

Stephanie: I really like shoes. And I wear most of them.

Brandon: But you don't wear all of them. You should donate some of your shoes to charity.

Stephanie: You're right. I will look at all my shoes now and decide which ones I want to keep.

Brandon: I think that's a really good idea. Do you want some help?

Stephanie: Sure.

Brandon: Okay…. what about these purple ones?

Stephanie: I love those! I wore those to Isabelle's wedding and to my office party last year.

Brandon: So, you only wore them two times?

Stephanie: Yes.

Brandon: When will you wear them again?

Stephanie: I don't know. Maybe next year.

Brandon: Next year?! Do you really want to keep these in the closet for a year? If you give them to charity, another person can wear them.

Stephanie: Yeah. You're right. Bye, purple shoes. I enjoyed wearing you!

Brandon: Good job, Steph! Okay, what about these blue sneakers…?

65 BU HIÇ HOŞ DEĞIL! - THAT'S NOT VERY NICE (A2)

Arianna: Kristoffer! Kız kardeşine "aptal" deme! Bu, hiç hoş değil.

Kristoffer: Ama topumu aldı!

Arianna: Pek hoş bir şey yapmamış ama yine de ona aptal dememelisin. Bu güzel bir kelime değil.

Kristoffer: Umurumda değil. Ona kızgınım.

Arianna: Lütfen ona üzgün olduğunu söyle.

Kristoffer: Hayır.

Arianna: Kris, beni dinle. Kız kardeşinden özür dile.

Kristoffer: Daha sonra dilerim.

Arianna: Lütfen şimdi yap.

Kristoffer: İyi. Kate, üzgünüm.

Arianna: Hangi konuda üzgünsün? Söyle ona.

Kristoffer: Sana aptal dediğim için üzgünüm.

Arianna: Teşekkür ederim Kris. Onu duydun mu? O da senden özür diliyor.

Kristoffer: Tamam. Kız kardeşler çok sinir bozucu.

Arianna: Kız kardeşler harikadır. Benim kız kardeşim en yakın arkadaşım. Çocukken çok kavga ederdik ama şimdi varlığına şükrediyorum.

Kristoffer: Kristina teyzemle ne için kavga ederdiniz?

Arianna: Her şey için. Çocukça şeyler işte.

Kristoffer: Hiç senin oyuncaklarını alır mıydı?

Arianna: Elbette.

Kristoffer: Sen ne yapardın?

Arianna: Kızardım ve bazen ona kaba şeyler söylerdim ama annem birbirimizden özür dilememizi isterdi. Sonra daha iyi hissederdik.

Kristoffer: Ben daha iyi hissetmiyorum.

Arianna: Belki henüz değil ama hissedeceksin.

Kristoffer: Peki. Şimdi dışarıda oynayabilir miyim?

Arianna: Evet ama yemek yarım saate hazır olur.

Kristoffer: Tamam. Teşekkürler, anne.

Arianna: Rica ederim tatlım.

THAT'S NOT VERY NİCE

Arianna: Kristoffer! Don't call your sister "stupid"! That's not very nice.

Kristoffer: But she took my ball!

Arianna: Well, that was not nice of her. But you should not call her stupid. That's not a nice word.

Kristoffer: I don't care. I'm mad at her.

Arianna: Please tell her you're sorry.

Kristoffer: No.

Arianna: Kris, listen to me. Apologize to your sister.

Kristoffer: I'll do it later.

Arianna: Please do it now.

Kristoffer: Fine. Kate, I'm sorry.

Arianna: What are you sorry for? Tell her.

Kristoffer: I'm sorry I called you stupid.

Arianna: Thank you, Kris. And did you hear her? She just apologized to you, too.

Kristoffer: Okay. Sisters are so annoying.

Arianna: Sisters are wonderful. My sister is my best friend. When we were kids, we fought a lot. But now I am so grateful for her.

Kristoffer: What did you and Aunt Kristina fight about?

Arianna: Everything. Normal kid things.

Kristoffer: Did she ever take your toys?

Arianna: Of course.

Kristoffer: What did you do?

Arianna: I got angry at her and sometimes I said mean things to her. But then my mom told us to say I'm sorry to each other. And we felt better after.

Kristoffer: I don't feel better.

Arianna: Maybe not yet. But you will.

Kristoffer: Okay. Can I go play outside now?

Arianna: Yes. But dinner will be ready in half an hour.

Kristoffer: All right. Thanks, Mom.

Arianna: Of course, sweetie.

66 BANKA HESABI AÇARKEN - SETTING UP A BANK ACCOUNT (B1)

Banka memuru: Merhaba! Size nasıl yardımcı olabilirim?

James: Merhaba. Bir banka hesabı açmak istiyorum.

Banka memuru: Harika! Bu konuda size yardımcı olabilirim. Ne tür bir hesap açmak istiyorsunuz?

James: Vadesiz hesap.

Banka memuru: Tamam. Sadece vadesiz hesap mı istiyorsunuz? Mevduat hesabı da açmak ister misiniz?

James: Hayır, yalnızca vadesiz hesap.

Banka memuru: Harika. Hesabı açmak için en az yirmi beş dolar yatırmalısınız.

James: Sorun değil. Daha fazla yatırabilir miyim?

Banka memuru: Evet, elbette! Yirmi beş dolardan fazla olması şartıyla dilediğiniz kadar para yatırabilirsiniz.

James: Tamam. Yüz dolarla başlayacağım.

Banka memuru: Çok iyi. Ehliyetinize ve sosyal güvenlik numaranıza ihtiyacım olacak. Ayrıca şu forma belli başlı bilgilerinizi girmeniz gerekiyor.

James: Sosyal güvenlik kartım yanımda değil. Sorun olur mu? Numaramı biliyorum.

Banka memuru: Sorun değil. Yalnızca numaraya ihtiyacımız var.

James: Tamam. Banka kartımı bugün alabilir miyim?

Banka memuru: Hayır, kartınızı beş on gün içerisinde alabilirsiniz. Postayla gönderilecek.

James: Hmm. Peki, kartım olmadan nasıl para harcayabilirim?

Banka memuru: Önceki vadesiz hesabınızı kullanmanız gerekir; ya da bugün biraz para çekersiniz ve kartınız gelene kadar onu kullanabilirsiniz.

James: Anladım. Tamam, yardımlarınız için teşekkürler.

Banka memuru: Ben teşekkür ederim! İyi günler!

SETTİNG UP A BANK ACCOUNT

Bank employee: Hello! How can I help you?

James: Hi. I need to set up a bank account.

Bank employee: Great! I can help you with that. What kind of account would you like to open?

James: A checking account.

Bank employee: All right. Just a checking account? Would you like to open a savings account as well?

James: No, just a checking account.

Bank employee: Perfect. So, you'll need to deposit at least twenty-five dollars to open the account.

James: That's fine. Can I deposit more?

Bank employee: Yes, of course! You can start with however much you'd like, as long as it's over twenty-five dollars.

James: Okay. I'll start with one hundred dollars.

Bank employee: Sounds good. I'll need your driver's license and social security number. And you'll need to fill out this form with your basic information.

James: I don't have my social security card with me. Is that okay? But I know my number.

Bank employee: That's fine. We just need your number.

James: Okay. Do I get a debit card today?

Bank employee: No, it takes between five and ten days to receive your card. You'll get it in the mail.

James: Oh. How do I make purchases before I get my debit card?

Bank employee: You'll have to use your previous checking account, or you can withdraw some cash today and use that until you receive the card.

James: I see. All right, thanks for your help.

Bank employee: Thank you, too! Have a good day!

James: Thanks; you too.

67 UÇAĞA BINIŞ SIRASINDA - WAITING TO BOARD AN AIRPLANE (B1)

Mason: Yolcuları ne zaman uçağa almaya başlayacaklar?

Alexis: Şimdi almaya başlıyorlar.

Mason: Aa, tamam. Biniş kartlarımızı çıkarsak iyi olur.

Alexis: Evet. Koltuk numaralarımız kaç?

Mason: 47B ve 47C. Orta ve koridor koltukları.

Alexis: Koridorda oturmak istersen ben ortaya geçebilirim.

Mason: Kısa bir uçuş olacak, ortada oturmak hiç sorun değil benim için.

Alexis: Senin bacakların daha uzun, koridor tarafındaki koltuğu alabilirsin.

Mason: Teşekkürler! Seattle'a indiğimizde sana bir içki ısmarlayacağım.

Alexis: Ha ha, anlaştık!

Mason: Sırada çok fazla insan var; galiba uçak tamamen dolu.

Alexis: Sanırım haklısın. Hiç şaşırmadım gerçi, hafta sonu tatiline denk geldi.

Mason: Doğru. Umarım uçak kabininde el bagajımız için yeterli alan vardır. Bunları bagaja vermeyerek risk aldık!

Alexis: Biliyorum. El çantasıyla etrafta dolaşmak çok can sıkıcı ama bagajımı yanıma almayı tercih ediyorum. Ayrıca, bantta valiz beklemeyi sevmiyorum.

Mason: Evet, bazen valizlerin çıkması bir ömür sürüyor! İndiğim zaman havalimanından hemen çıkıp seyahatime başlamak istiyorum!

Alexis: Ben de. O konuda ben de hiç sabırlı değilim. Galiba bu yüzden arkadaşız!

Mason: Ha ha. Bir sürü sebepten bir tanesi bu!

WAİTİNG TO BOARD AN AİRPLANE

Mason: When does boarding start?

Alexis: It's starting now.

Mason: Oh, okay. We'd better get our boarding passes out.

Alexis: Yeah. What are our seat numbers?

Mason: 47B and 47C. Middle and aisle seats.

Alexis: I don't mind sitting in the middle if you want the aisle seat.

Mason: It's a short flight, so I really don't mind sitting in the middle.

Alexis: You have longer legs, so you can take the aisle.

Mason: Thanks! I'll buy you a drink when we land in Seattle.

Alexis: Ha ha, deal!

Mason: There are so many people in line; I think it will be a full flight.

Alexis: I think you're right. I'm not surprised; it's a holiday weekend.

Mason: Right. I hope there is enough space for our bags in the overhead bins. We took a risk by not checking our bags!

Alexis: I know. It's kind of a pain to lug around a carry-on bag, but I prefer to have my bag with me. And I don't like waiting for my bag at the baggage carousel.

Mason: Yeah. Sometimes it can take forever for the bags to come out! When I arrive I just want to get out of the airport and start my trip!

Alexis: Me too. I'm not patient, either. That must be why we're friends!

Mason: Ha ha. That's one of the many reasons!

68 KÖPEK SAHIPLENMEK - ADOPTING A DOG (B1)

Wendy: Galiba Barley'nin bir arkadaşa ihtiyacı var.

Juan: Yeni bir köpek mi istiyorsun? Buna zamanının olduğuna emin misin?

Wendy: Evet, bence zamanı geldi.

Juan: Peki, ne tür bir köpek almayı düşünüyorsun?

Wendy: Emin değilim ama bir tane sahiplenmek istiyorum. Barınakta çok fazla köpek var o yüzden kurtarılmış bir tane istiyorum.

Juan: Ama köpeğin karakteri hakkında endişelenmiyor musun? Ya köpek baş belası çıkarsa?

Wendy: Arkadaşlarım, kurtarılmış köpek sahiplendiler; hepsi de çok tatlı köpekler. Bence o köpekler sevgi dolu bir ev için müteşekkir oluyorlar ve iyi karakterleri bunu yansıtıyor.

Juan: Sanırım haklısın. Arkadaşının Brisket'i çok sevgi dolu, onun da barınaktan sahiplenildiğini biliyorum.

Wendy: Kesinlikle!

Juan: Peki köpeği nereden sahipleneceksin? Barınaktan mı?

Wendy: Evet, internetteki sahipsiz köpek merkezlerinin sitelerine veya hayvan kurtarma kuruluşlarına da bakabilirim.

Juan: Anladım. Bir tanesini seçiyorsun ve sonra köpeği sana mı teslim ediyorlar?

Wendy: Hayır, önce bir sahiplenme formu dolduruyorsun, sonra da galiba ilgili kuruluş evine gelip kontrollerini yapıyor.

Juan: Vay canına, bu düşündüğümden daha karmaşıkmış.

Wendy: Evet, sanırım köpeğin kalıcı olarak iyi bir eve gittiğinden emin olmak istiyorlar. Çok sayıda köpeğin sahiplenildikten sonra barınaklara geri götürüldüğünü duymuştum.

Juan: Şey, umarım Barley ve yeni köpek iyi anlaşırlar.

Wendy: Ben de öyle umuyorum. Başka bir köpek sahiplenmek için sabırsızlanıyorum!

ADOPTING A DOG

Wendy: I think Barley needs a buddy.

Juan: You want to get another dog? Are you sure you have time for that?

Wendy: Yeah, I think it's time.

Juan: Okay, what kind of dog are you thinking of getting?

Wendy: I'm not sure, but I know I want to adopt one. There are a lot of dogs at the shelter, so I want to adopt a rescue.

Juan: But aren't you worried about the dog's personality? What if the dog is mean?

Wendy: My friends have rescues and each dog is so loving. I think the dogs are grateful to be in a loving home and their loving personalities seem to reflect that.

Juan: I guess that's true. Your friend's dog Brisket seems to be very loving, and I know he was adopted.

Wendy: Exactly!

Juan: So where are you going to go to adopt a dog? The pound?

Wendy: Yeah, but I can also go on the Internet sites for adoption centers or pet rescue organizations to find one.

Juan: I see. Do you just pick one and they deliver the pet to you?

Wendy: No, you have to fill out an adoption form, and I think someone from the organization comes over to do a home check.

Juan: Wow, this is much more complicated than I thought.

Wendy: Yeah, I think they're just trying to make sure that the dog is going to a good home permanently. I have heard that many animals are returned to shelters after they are adopted.

Juan: Well, hopefully Barley and the new dog will get along.

Wendy: I hope so, too. I can't wait to adopt another dog!

69 SAHILDE BIR GÜN - A DAY AT THE BEACH (B1)

Josh: Merhaba Rebecca! Gelemeyeceğini düşünmeye başlamıştım. Burada olmana sevindim.

Rebecca: Evet, buraya gelmek biraz zaman aldı. Sahile yakın olabilmek için Kaliforniya'ya taşındım, o yüzden buna değiyor. Ayrıca hava son günlerde çok güzel.

Josh: Fakat Batı Covina'da yaşıyorsun. Sahilden saatlerce uzaklıkta değil misin?

Rebecca: Evet ama trafik yüzünden. Bugün yalnızca iki saat sürdü.

Josh: Yine de çok uzak ama sorun değil! Aç mısın bakalım? Burada bir sürü yiyeceğimiz var.

Rebecca: Açım! Neler var?

Josh: Normal sosisimiz var, baharatlı sosisimiz var, salamlı dürüm sosisimiz var hindi sosisimiz var.

Rebecca: Sosis olmayan bir şey var mı?

Josh: Galiba Nathaniel son hamburgeri yedi. Ama bir sürü cipsimiz, cips sosumuz ve oradaki buzlukta çok sayıda içeceğimiz var.

Rebecca: Harika! Aslında, eğer kaldıysa bir tane salamlı dürüm sosis alabilirim.

Josh: Elbette, al bakalım.

Rebecca: Teşekkürler, bu çok lezzetli görünüyor! Bu arada, güneş kremin var mı? Galiba benimkini evde bıraktım.

Josh: Evet, burada var.

Rebecca: Teşekkürler! Diğer herkesle beraber voleybol oynayacak mısın?

Josh: Muhtemelen ama yeni yemek yedim; o yüzden, oynamadan önce yarım saat bekleyeceğim. Karnımın ağrımasını istemiyorum.

Rebecca: İyi fikir. Takımında olmamı ister misin?

Josh: Elbette!

Rebecca: Harika! Bu çok eğlenceli olacak!

A DAY AT THE BEACH

Josh: Hi, Rebecca! I was starting to think that you were not coming. I'm glad you're here.

Rebecca: Yes, it took some time to come here. I moved to California in order to be close to the shore; so it is worth it. Besides, it's sunny these days.

Josh: But you're living in West Covina. Aren't you so many hours away from the shore?

Rebecca: Yes, but it's just because of the traffic. Today, it took only two hours.

Josh: That's still a bit far! Well, are you hungry? We have lots of things to eat here.

Rebecca: I'm hungry! What do we have?

Josh: We have normal sausage, spicy sausage, salami sausage wrap and turkey sausage.

Rebecca: Do we have anything other than sausage?

Josh: I think Nathaniel ate the last hamburger. But we have lots of potato chips and chips sauce; we have also plenty of beverages oradaki in the icebox there.

Rebecca: Great! Actually, I can eat a salami sausage wrap if we have any left.

Josh: Of course, there you go.

Rebecca: Thanks, it looks so delicious! By the way, do you have suncream? I think I left mine at home.

Josh: Yes, here it is.

Rebecca: Thank you! Are you going to play volleyball with everyone else?

Josh: Probably yes, but I just had my meal; so I am going to wait for half an hour before playing. I don't want to have a stomachache.

Rebecca: That's a good idea. Do you want me in your team?

Josh: Of course!

Rebecca: Great! That will be so much fun!

70 HAYDI, ÇIZBURGER YAPALIM! - LET'S MAKE CHEESEBURGERS (B1)

Whitney: Acıktım. Tüm gün bir şey yemedim.

John: Ne yemek istiyorsun? Ben de acıktım.

Whitney: Çizburger istiyorum. Nasıl yapılacağını bana gösterir misin? Çok güzel çizburger yapıyorsun!

John: Elbette!

Whitney: Bizim için malzemeleri getirdim.

John: Gerçekten mi? Hamburger ekmeğin var mı?

Whitney: Evet, ayrıca kıymam da var.

John: Ya soslar?

Whitney: Hardalım, mayonezim ve tatlı çeşnim var.

John: Mükemmel! Eğer istersen, bende de biraz marul ve domates var.

Whitney: Sanırım ben, özel soslu ve Amerikan peynirli bir burger alacağım.

John: Tamam, harika. Burgerleri yapmadan önce her şeyi hazırlayalım.

Whitney: Ne yapmamı istersin?

John: Ekmekleri ısıtırken sen de özel sosu yapabilirsin. Eşit oranda hardal, mayonez, ketçap ve tatlı çeşniyi bir kâsede karıştır.

Whitney: Tamam.

John: Ekmeklere biraz yağ süreceğim.

Whitney: Özel sos hazır. Şimdi ne yapıyorum?

John: Kıymayı, kesme tahtasına dök ve elinde yuvarlak hale getir.

Whitney: Ortasına yumurta sarısı koyacak mıyım?

John: Evet! İyi hafızan var! Üzerine de biraz zeytin yağı gezdir, bir tutam tuz ve karabiber ekle. Sonra hepsini karıştır ve kıymayı iki topağa ayır. Çok sıkı olmamasına dikkat et. Ben tavayı hazırlayayım.

Whitney: Sırada ne var?

John: Tava kızınca köfteyi tavaya koy ve topak halindeki kıymayı yassılaştır. Köftenin her iki tarafını da bir dakika pişir. Ardından üstüne peyniri ekle. Son olarak, ocağı kapat ve burgeri birkaç dakika dinlendir. Köfte ılıyınca burgeri yapıp yiyebilirsin.

Whitney: Kulağa harika geliyor! Sabırsızlanıyorum!

LET'S MAKE CHEESEBURGERS

Whitney: I'm hungry. I haven't eaten all day.

John: What do you want to eat? I am hungry, too.

Whitney: I want a cheeseburger. Can you show me how to make one? You make really good cheeseburgers!

John: Sure!

Whitney: I have some ingredients for us.

John: Really? Do you have hamburger buns?

Whitney: Yes. I also have ground beef.

John: What about condiments?

Whitney: I have mustard, mayonnaise, ketchup, and sweet relish.

John: Perfect! I happen to have some lettuce and tomatoes if you want some.

Whitney: I think I will have a burger with special sauce and American cheese.

John: Okay, cool. Let's get everything prepped before we make the burgers.

Whitney: What would you like me to do?

John: You can make the special sauce while I toast the buns. Mix equal parts mustard, mayonnaise, ketchup, and sweet relish together in a bowl.

Whitney: Okay.

John: I will toast the buns with a little bit of butter.

Whitney: The special sauce is ready. What do I do next?

John: Crumble the ground beef on a cutting board and make a circle with the ground beef.

Whitney: Do I add the egg yolk in the middle?

John: Yes! Good memory! You should also drizzle some olive oil and sprinkle on some salt and pepper. Then, mix everything together and form two balls from the ground beef. Don't pack the meat too tightly. I will get the pan ready.

Whitney: What do we do next?

John: Once the pan is hot, place a meat ball on the pan and then smash the ball into a patty. Cook the patty for a minute on each side. Then, add the cheese on top. Finally, turn off the heat and let the burger rest for a few minutes. Once the burger is cool, you can make your burger and eat it.

Whitney: Sounds great! I can't wait!

71 YEMEĞIMDE SAÇ VAR! - THERE'S A HAIR IN MY FOOD (B1)

Gerald: Salata nasıl?

Millie: İdare eder. Harika değil. Senin turtan nasıl?

Gerald: Aslına bakarsan harika. Çok zengin bir tadı var. Bir de… Aman Allah'ım. Ayrıca bir şey daha var.

Millie: Ne?

Gerald: Saç.

Millie: Saç mı? İnsan saçı mı?

Gerald: Evet ve epey uzun.

Millie: Emin misin?

Gerald: Tam şurada.

Millie: Gerald…

Gerald: Yani, bu restoran ucuz, ama yine de yemeğimizin içinde saç olmamalı.

Millie: Gerald!

Gerald: Ne var?

Millie: Turtanın içindeki saç beyaz.

Gerald: Yani? Ne demek istiyorsun?

Millie: Etrafına bak. Buradaki hiç kimsenin beyaz saçı yok.

Gerald: Ah…

Millie: Galiba o senin saçın.

THERE'S A HAIR IN MY FOOD

Gerald: How's your salad?

Millie: It's okay. Not amazing. How's your potpie?

Gerald: It's great, actually. It has a ton of flavor. And… oh my gosh. It has something else, too.

Millie: What?

Gerald: A hair.

Millie: A hair? A human hair?

Gerald: Yeah, and it's pretty long.

Millie: Are you sure?

Gerald: It's right here.

Millie: Gerald…

Gerald: I mean, this restaurant isn't cheap. There shouldn't be hair in our food.

Millie: Gerald!

Gerald: What is it?

Millie: The hair in your potpie is white.

Gerald: So? What's your point?

Millie: Take a look around. There's no one else here who has white hair.

Gerald: Uh…

Millie: I think that's your hair.

72 SAĞ ELINI MI KULLANIYORSUN SOL ELINI MI? - RIGHT-HANDED OR LEFT-HANDED? (B1)

Santiago: Sen sağ elini kullanıyorsun, değil mi?

Lauren: Evet. Sen de öyle sanırım?

Santiago: Evet. Ama babam ve erkek kardeşim solak.

Lauren: İlginç. Sağ eli kullanmak ya da solak olmak aileden mi geliyor?

Santiago: Hiçbir fikrim yok ama kişiliğin ve diğer karakteristik özelliklerin baskın el üzerinde etkisi olduğunu duymuştum.

Lauren: Gerçekten mi? Ne duydun tam olarak?

Santiago: Doğru olup olmadığından emin değilim ama sağ elini kullanan insanların zekâ testlerinde daha yüksek puan aldıklarını ve daha uzun yaşadıklarını okumuştum.

Lauren: Vay canına! Bu doğru olamaz.

Santiago: Solaklarsa daha yaratıcı olma eğilimindelermiş ve dahi olma ihtimalleri daha yüksekmiş. Bir de solaklar, sağ elini kullananlara göre yüzde 25 civarında daha çok para kazanıyormuş.

Lauren: Yok artık. Neden öyle merak ettim.

Santiago: Belki solak olsaydım dahi olurdum ve neden öyle olduğunu anlardım!

Lauren: Ha ha, doğru! Bunu anlayacak kadar zeki değiliz.

Santiago: Ayrıca dünya liderleri ve tarihi figürlerden çoğu solak. Obama solak. George W. Bush ve Bill Clinton da öyle. Söylenene göre Büyük İskender, Jul Sezar ve Napolyon da solakmış. Kurt Cobain ve Jimi Hendrix gibi bazı müzisyenler de.

Lauren: Vay canına, bu kadar şeyi nereden biliyorsun?

Santiago: Bilmem! Bence çok enteresan.

Lauren: Öyle, şimdi solak olmayı istedim.

Santiago: Yirmi sekiz yaşındasın. Bunu şimdi değiştirebileceğini sanmıyorum!

RİGHT-HANDED OR LEFT-HANDED?

Santiago: You're right-handed, aren't you?

Lauren: Yeah. You are too, right?

Santiago: Yes. But my dad and brother are left-handed.

Lauren: Oh, interesting. Does right- and left-handedness run in families?

Santiago: I have no idea. But I've heard that personality and other characteristics are connected to your dominant hand.

Lauren: Really? What have you heard?

Santiago: I'm not sure if it's true, but I read that right-handed people often score higher on intelligence tests and they live longer.

Lauren: Oh wow. No way.

Santiago: And left-handed people tend to be more creative and are more likely to be geniuses. Oh, and left-handed people earn something like 25 percent more money than right-handed people.

Lauren: Whoa. I wonder why that happens.

Santiago: Well, maybe if I were left-handed I'd be a genius and understand why!

Lauren: Ha ha, true! We aren't smart enough to understand it.

Santiago: There have also been a lot of world leaders and historical figures who were left-handed. Obama is left-handed. So are George W. Bush and Bill Clinton. Supposedly, Alexander the Great, Julius Caesar, and Napoleon were lefties. And some musicians like Kurt Cobain and Jimi Hendrix.

Lauren: Wow, how do you know so much about this?

Santiago: I don't know! I think it's fascinating.

Lauren: It is. Now I wish I were left-handed.

Santiago: Well, you're twenty-eight years old, so I'm not sure you can change that now!

73 ŞİŞEDEKİ MESAJ - MESSAGE IN A BOTTLE (B1)

Scott: Bu sahili gerçekten çok seviyorum. Hep boş oluyor ve su çok temiz.

Sky: Burası sanki bize özel bir cennet parçası.

Scott: Kum çok yumuşak! Sanki pudra gibi geliyor.

Sky: Beyaz kumlu sahiller çok güzel oluyor.

Scott: Sen de bu yeri çok sevmiyor musun?

Sky: Gerçekten seviyorum. Okyanus esintisi o kadar sakinleştirici ve rahatlatıcı ki. Birazdan yüzmeye gitmeliyiz.

Scott: Katılıyorum. Su çok güzel görünüyor!

Sky: Dur bir saniye... Şunu görüyor musun?

Scott: Neyi görüyor muyum?

Sky: Suyun içinde yüzen parlak bir şey var. Bu sanki... Bir şişe.

Scott: Şişenin içinde bir mesaj olsa komik olmaz mıydı?

Sky: Evet, gerçekten komik olurdu!

Scott: İşte şişe burada. Mantarı var.

Sky: Şuraya bak! Sanırım içinde kıvrılmış bir şey var.

Scott: Bir saniye. İşte! Aldım.

Sky: Ne yazıyor?

Scott: Bilmiyorum... Anlamak zor çünkü yazı çok eski görünüyor. Gördüğüm kadarıyla, galiba...

Sky: ... Eeee?

Scott: Hiçbir şey. Yok bir şey.

Sky: Hadi ama! Ne diyor? Çok merak ettim!

Scott: Diyor ki: "Canını seven kaçsın..."

Sky: Ha ha. Çok komik. Gerçekten ne diyor?

Scott: Al, kendin gör.

Sky: Ama... Gerçekten öyle yazıyor. Ne aptalca bir mesaj.

Scott: Evet, sanırım.

Sky: Bak, uzakta bir gemi var. Buralardan gemi geçeceğini hiç düşünmezdim.

Scott: Dürbün getirdin mi?

Sky: Evet, işte burada.

Scott: Teşekkürler. Bakalım… Beyaz kafatası ve "X" şeklinde iki kemiği olan siyah bir bayrak. Ayrıca gemi bu tarafa geliyor.

Sky: Bence bunlar korsan!

Scott: Buradan çıkmamız lazım. Koş!

MESSAGE İN A BOTTLE

Scott: I really love this beach. It's always empty and the water is so clear.

Sky: It's like our own little slice of heaven.

Scott: The sand is so soft! It feels like powder.

Sky: White sand beaches are so nice.

Scott: Don't you love this place?

Sky: I really do. The ocean breeze is so calming and relaxing. We should go for a swim soon.

Scott: I agree. The water feels great!

Sky: Wait… do you see that?

Scott: See what?

Sky: There's something shiny floating in the water. It looks like… a bottle.

Scott: Wouldn't it be funny if there was a message in that bottle?

Sky: Yeah, that'd be funny!

Scott: Here's the bottle. It has a cork.

Sky: And look! I think there's something rolled up inside. Looks like paper.

Scott: Give me a second. Aha! Got it.

Sky: What does it say?

Scott: I don't know… it's hard to make out because the writing looks really old. From what I can tell, I think it says…

Sky: …Well?

Scott: Nothing. It's nothing.

Sky: Come on! What does it say? I'm so curious!

Scott: It says, "Run for your lives…"

Sky: Ha ha. Very funny. What does it actually say?

Scott: See for yourself.

Sky: It… really does say that. What a silly message.

Scott: Yeah, I guess.

Sky: Hey, I see a ship in the distance. I didn't think there would be any ships nearby.

Scott: Did you bring the binoculars?

Sky: Yeah, here they are.

Scott: Thanks. I see… a black flag with a white skull and two bones in an "X" shape. And the ship is coming this way.

Sky: I think those are pirates!

Scott: We have to get out of here. Run!

74 ORAYA NASIL GIDERIM? - HOW DO I GET THERE? (B1)

Jeffrey: Yeni evini görmek için sabırsızlanıyorum!

Sarina: Yaşasın, ben de!

Jeffrey: Taşındığından beri seni yeni evinde ziyaret edemediğime inanamıyorum.

Sarina: Sorun değil! Çok meşguldün.

Jeffrey: Evet, öyleydim. İşlerin biraz yavaşladığına seviniyorum. Neredeyse üç aydır sosyal hayatım yok!

Sarina: E tabii, yeni bir iş kurdun. İşlerin o denli çığırından çıkması, anlaşılır bir durum.

Jeffrey: Çığırından çıkacağını biliyordum ama tahmin ettiğimden de kötüydü! Yine de kendi başıma çalışmayı seviyorum. Çok stresli de olsa, sonuçta tüm bu hengameye değer.

Sarina: Bunu duymak harika.

Jeffrey: O zaman, evine gelmek için telefonumdaki harita uygulamasını kullanabilir miyim?

Sarina: Aslında, sana adres tarifini versem daha iyi. Buraya gelirken yolunu kaybedenler oldu.

Jeffrey: Tamam, peki. Öyleyse oraya nasıl gelirim?

Sarina: Spring Sokağı'na giden 94 Doğu yolunda ilerle. Ardından otoban çıkışından sağa dön. Sağa döndükten hemen sonra tekrar sağa gir. Ufak bir sokak olduğu için, çoğu kişi dönüşü kaçırıyor.

Jeffrey: Yani, otobandan sonra sağa dönüyorum. Hemen ardından da küçük sokağa sapmak için tekrar sağa dönüyorum.

Sarina: Evet, sonra iki blok kadar düz gidip Oak Tree Sokağı'ndan sola dön. Yokuşu çık. Yokuş sonundan sağa dön. Önünde palmiye ağacı olan beyaz ev bizim.

Jeffrey: Tamam, anladım. Teşekkürler! 18.30 gibi orada olurum. Kaybolursam haber veririm.

Sarina: Evet, daha detaylı bir tarif istersen beni ara! Öyleyse birazdan görüşürüz!

Jeffrey: Görüşürüz!

HOW DO I GET THERE?

Jeffrey: I'm so excited to see your new place!

Sarina: Yay, me too!

Jeffrey: I can't believe I haven't visited you at your new house since you moved.

Sarina: It's okay! You've been so busy.

Jeffrey: Yeah, I have. I'm glad work has slowed down a bit. I haven't had a social life for, like, three months!

Sarina: Well, you just started a business. It's understandable that things have been so crazy.

Jeffrey: I knew it would be crazy, but it was even worse than I imagined! But I love working for myself. It's stressful but, in the end, all the work is worth it.

Sarina: That's great to hear.

Jeffrey: So, can I just use a maps app on my phone to get to your place?

Sarina: Actually, I'm going to give you directions. Some people have gotten lost on the way here.

Jeffrey: Okay, okay. So how do I get there?

Sarina: Take 94 East to Spring Street. Then turn right after you exit the freeway. Immediately after you turn right, turn right again. It's a small street and many people miss it.

Jeffrey: So, turn right after the freeway. Then make an immediate right again on a small street.

Sarina: Yes. And then go straight for about two blocks, and then turn left on Oak Tree Lane. Go up the hill. Turn right at the top of the hill. Our house is the white one with the palm tree in the front.

Jeffrey: Okay, got it. Thanks! I'll be there around 6:30. I'll let you know if I get lost.

Sarina: Yes, give me a call if you need more directions! All right, see you soon!

Jeffrey: See ya!

75 UÇAK BILETI ALIRKEN - BUYING A PLANE TICKET (B1)

Pam: Benimle seyahate çıkmak ister misin?

Jim: Elbette! Aklında ne var?

Pam: Canım gerçekten pizza istiyor, o nedenle New York'a gidiyoruz!

Jim: New York'a kadar onca yolu, yalnıza pizza yemek için mi gitmek istiyorsun?

Pam: Evet! Ayrıca kuzenlerimi de ziyaret edeceğim. Onları uzun zamandır görmedim.

Jim: Tamam, hadi o zaman. Ne zaman gidiyoruz?

Pam: Sanırım birkaç hafta içinde izin kullanabilirim.

Jim: Bu çok iyi çünkü okulum bir ay daha başlamayacak.

Pam: İnternetten uçak bileti bakalım. Sanırım bazı hava yolu firmaları şu an indirimde, yani umarım çok iyi fiyatlar bulabiliriz.

Jim: Büyük ihtimalle sabahtan çıkmamız gerekecek, böylece akşam yemeği için vaktinde orada olabiliriz.

Pam: İner inmez pizza yemek mi? Bu seyahati şimdiden sevdim!

Jim: Ben de. Bir şeyler bulabildin mi?

Pam: Evet, şu an en düşük bilet fiyatı, gidiş dönüş kişi başı 280$; ama geç saatte kalkıyor.

Jim: Sabah uçuşları ne kadar?

Pam: Ah... 700$.

Jim: Ne?! Bu çok saçma!

Pam: Değil mi? Normalde gece uçuşu hiç almam ama fiyat farkı muazzam.

Jim: Katılıyorum. O zaman geç uçuş bileti alalım. Oraya varır varmaz uyuruz.

Pam: Tamam. Hiç mil puanımız kaldı mı?

Jim: Hayır ama hala otelden kalan kredilerimiz var.

Pam: Yaşasın! Tamam, kredi kartımla iki bilet aldım. Bizim için oteli ayarlayabilir misin?

Jim: Yaptım. Sanırım New York'a gidiyoruz.

Pam: Pizza, bekle bizi!

BUYİNG A PLANE TİCKET

Pam: Would you like to go on a trip with me?

Jim: Sure! What do you have in mind?

Pam: I really want some pizza, so we're going to New York!

Jim: You want to go all the way to New York just for pizza?

Pam: Yes! Plus, we'll get to visit my cousins. I haven't seen them in ages.

Jim: Okay, let's do it. When are we going?

Pam: I think I will be able to use some vacation time in a few weeks.

Jim: That's good because I don't start school for another month.

Pam: Let's check online for some plane tickets. I think some of the airlines are having a sale right now, so hopefully we can get some great deals.

Jim: We should probably try to leave in the morning so we can get there in time for dinner.

Pam: Pizza as soon as we land? I am loving this journey already!

Jim: Me too. Have you found anything?

Pam: Yeah, the lowest ticket price right now is $280 round trip per person, but it's a red-eye flight.

Jim: What about the morning flights?

Pam: Uh... $700.

Jim: What?! That's ridiculous!

Pam: Right? I normally don't purchase overnight flights, but the price difference is too great.

Jim: I agree. Let's buy the red-eye flight tickets and take a nap as soon as we get there.

Pam: Okay. Do we have any mileage points left?

Jim: No, but we still have hotel credit leftover.

Pam: Yay! All right, I just purchased two tickets with my credit card. Can you book us a hotel?

Jim: Just did. I guess we're going to New York.

Pam: Pizza, here we come!

Tracy: Bugün, temizlik günü!

Landon: Ayın en sevdiğim günü!

Tracy: Ha ha. Hangi odalarla ilgilenmek istersin?

Landon: Hmm, mutfak hariç hepsiyle uğraşabilirim.

Tracy: Peki, tamam. Öyleyse mutfağı ben halledeyim, sen de banyoya giriş.

Landon: Bana uyar.

Tracy: Yatak odasını da ben temizlerim. Salonu sen temizlemek ister misin?

Landon: Olur. Peki ya garaj?

Tracy: Ah. Onu bir dahaki sefere bırakalım. Orası tek başına tüm günümüzü alır.

Landon: Doğru. Temizlik malzemeleri, lavabonun altında mı?

Tracy: Evet, ayrıca eğer ihtiyacın olursa kilerde bir sürü kâğıt havlu da var.

Landon: Harika. Şimdi biraz temizlik müziği açayım!

Tracy: Ha ha. Ne tür bir müzikmiş o?

Landon: Bugün 80'ler rock olsun. Temizlikten nefret ediyorum o yüzden motivasyonumu sağlamalıyım!

Tracy: Hangisi işine yarayacaksa!

Landon: *(Banyoyu temizlerken)* Tatlım, neden bu kadar çok şampuana ihtiyacın var?

Tracy: O kadar çok şampuanım yok...

Landon: Burada dört farklı çeşit var.

Tracy: Farklı türdeki şampuanları deneyerek hangisini en çok sevdiğimi anlamaya çalışıyorum.

Landon: Sadece bir şampuan bu!

Tracy: Saçlarım önemli! Neden farklı renkte üç tane aynı model spor ayakkabın var?

Landon: Spor ayakkabı giymeyi seviyorum!

Tracy: Baksana, bu mutfak bezini atalım mı? Oldukça yıpranmış.

Landon: Evet, sanırım ondan kurtulabilirsin.

Tracy: Tamam, mutfakta işim bitti. Yatak odasına geçme vakti!

Landon: Tamam!

CLEANING THE HOUSE

Tracy: It's cleaning day!

Landon: My favorite day of the month!

Tracy: Ha ha. Which rooms do you want to tackle?

Landon: Umm, I'll do anything except the kitchen.

Tracy: Okay, fine. I'll do the kitchen if you do the bathroom.

Landon: That works.

Tracy: And I'll do the bedroom. Do you want to do the living room?

Landon: Sure. What about the garage?

Tracy: Ugh. Let's just save that for next time. That'll take a whole day by itself.

Landon: True. Are all the cleaning products under the sink?

Tracy: Yeah and there are extra paper towels in the pantry if you need them.

Landon: Cool. I'm going to put on some cleaning music!

Tracy: Ha ha. What kind of music is that?

Landon: Today it's 80s rock. I hate cleaning, so I need to stay motivated!

Tracy: Whatever works for you!

Landon: *(cleaning the bathroom)* Honey, why do you need so many shampoos?

Tracy: I don't have that many shampoos...

Landon: You have four different kinds here.

Tracy: Well, I like to try different types and see which one I like best.

Landon: It's just shampoo!

Tracy: My hair is important! Why do you have the same pair of sneakers in three different colors?

Landon: I like sneakers!

Tracy: Hey, should we throw out this kitchen towel? It's pretty torn up.

Landon: Yeah, we can probably get rid of it.

Tracy: All right, I'm done with the kitchen. Time to move on to the bedroom!

Landon: Okay!

Marley: Steve! Oyun oynamak ister misin? Şu an çok sıkıldım!

Steve: Hayır, Marley. Bugün oyun oynamaya vaktim yok.

Marley: Haydi, bir oyun oynayalım! Eğlenceli olacak!

Steve: Hayır.

Marley: Ama lazanya getirdim!

Steve: ...Tamam. Lazanyayı uzat.

Marley: Oyun oynadıktan sonra istediğin kadar lazanya alabilirsin!

Steve: Peki, tamam. Ne oyunu oynayacağız?

Marley: Hangisi daha iyi; köpek mi kedi mi?

Steve: Bu oyun nasıl oynanıyor?

Marley: Ben neden köpeklerin daha iyi olduğu hakkında nedenleri sıralayacağım; sen de neden kedilerin daha iyi olduğu hakkındakileri sıralayacaksın.

Steve: Peki, sonra?

Marley: Daha iyi nedenleri sıralayan kişi kazanacak.

Steve: Kazanana kim karar verecek?

Marley: İkimiz!

Steve: Bu hiç mantıklı değil ama lazanya gerçekten çok güzel görünüyor.

Marley: Yediğin en iyi lazanya olacak!

Steve: Peki, tamam. Şu aptal oyununu oynayacağım.

Marley: Harika! Ben başlıyorum.

Steve: Başla bakalım.

Marley: Tamam. Şimdi, köpekler çok sevecen, sadık, oyuncu, süper eğlenceli, komik, şaşkın, tüylü, hızlı, akıllı, gerçekten ve gerçekten çok eğlenceli; gerçekten ve gerçekten çok oyuncular. Fırlattığın şeyleri sana geri getirirler, çok hızlı koşarlar ve yüksek sesle havlarlar! Ah bir de çok iyi koku alırlar!

Steve: Bazılarını tekrar ettin.

Marley: Hayır, süper eğlenceli ile gerçekten ama gerçekten eğlenceli, birbirlerinden farklı şeyler. Şimdi senin sıran!

Steve: Yok.

Marley: Ne?

Steve: Buna değmez.

Marley: Ah, hadi ama!

Steve: Sonra görüşürüz Marley.

DOG OR CAT?

Marley: Steve! Do you want to play? I'm so bored right now!

Steve: No, Marley. I don't have time for this today.

Marley: Come on, let's play a game! It'll be fun!

Steve: No.

Marley: But I've brought lasagna!

Steve: ...fine. Hand over the lasagna.

Marley: You can have all the lasagna you want after we play a game!

Steve: All right, what's the game?

Marley: Which is better: dog or cat?

Steve: How do we play this game?

Marley: I'll list reasons why dogs are better and you have to list reasons why cats are better.

Steve: And then?

Marley: And then the winner is whoever comes up with better reasons.

Steve: Who decides on the winner?

Marley: We both do!

Steve: This doesn't make sense, but that lasagna looks really good.

Marley: It's the best lasagna you will ever have!

Steve: Okay, fine. I'll play your silly game.

Marley: Great! I'll go first.

Steve: Go on.

Marley: Okay, so dogs are great because they are loving, loyal, playful, super fun, funny, silly, fluffy, fast, smart, really, really fun, really, really playful, and they can play fetch, run really fast, and bark really loud! Oh, and they have the best sense of smell!

Steve: Some of those were repeated.

Marley: No, super fun is different from really, really fun. Now it's your turn!

Steve: No.

Marley: What?

Steve: This isn't worth it.

Marley: Oh, come on!

Steve: See you later, Marley.

78 KAHVE DÜKKÂNI ZIYARETI - VISITING A COFFEE SHOP (B1)

Riley: Merhaba, hoş geldiniz! Size ne getirebilirim?

Nour: Merhaba. Ben bir… Hmmm.. Kahve istiyorum ama bugün ne tür bir kahve istediğimden emin değilim.

Riley: Acaba, bugün filtre kahve modunda olabilir misiniz? Latte ya da cappucino türü bir espresso mesela? Ya da demleme kahveden getirebilirim?

Nour: Demleme kahve nedir? Kahve dükkanlarının menüsünde görüp duruyorum ama ne olduğunu bilmiyorum.

Riley: Demleme kahve, şuradaki tezgâhın üzerindeki araç ve konteynerlerle yapılır. Barista taze çekilmiş kahvenin üzerine yavaşça sıcak su ekler ve kahve şu huni biçimindeki konteynerden çıkar.

Nour: Tamam, anladım! Açıklama için teşekkürler.

Riley: Rica ederim. Siz düşünün ve sipariş için hazır olduğunuzda bana haber verin.

Nour: Sanırım hazırım. Ben orta boy bir vanilya latte alabilir miyim?

Riley: Elbette. İçine ne tür süt istersiniz?

Nour: Badem sütü lütfen.

Riley: Elbette. Yiyecek bir şeyler ister misiniz?

Nour: Hmm, tabii. Portakallı çörek alayım.

Riley: Benim de favorim o.

Nour: Öyle mi? Harika görünüyor!

Riley: Öyle! Tamam, orta boy vanilya latte ve portakallı çörekle toplam 6,78$ ediyor.

Nour: Harika. İşte, kartım.

Riley: Şuraya yerleştirebilirsiniz.

Nour: Ah, anladım.

Riley: Pekala, her şey tamam! İyi günler dilerim!

Nour: Teşekkürler. Size de!

VİSİTİNG A COFFEE SHOP

Riley: Hi, welcome! What can I get for you?

Nour: Hi. Can I get a…. hmm… I want coffee but I'm not sure what kind today.

Riley: Well, are you in the mood for drip coffee? An espresso drink like a latte or cappuccino? Or something different like a pour over?

Nour: What's a pour over? I keep seeing that on coffee shop menus and I don't know what it is.

Riley: A pour over coffee is made with the tools and containers you see on the counter here. The barista slowly pours hot water over freshly ground coffee and the coffee comes out in this funnel-shaped container.

Nour: Ah, I see! Thanks for that explanation.

Riley: No problem. Take your time and let me know when you're ready to order.

Nour: I think I'm ready. Can I have a medium vanilla latte?

Riley: Sure. What kind of milk would you like in that?

Nour: Almond milk, please.

Riley: No problem. Would you like anything to eat?

Nour: Umm, sure. I'll have an orange scone.

Riley: Those are my favorite.

Nour: Yeah? It looks good!

Riley: It is! Okay, so with the medium vanilla latte and orange scone your total comes to $6.78.

Nour: Great. Here's my card.

Riley: Actually, you can just insert it here.

Nour: Oh, I see.

Riley: Okay, you're all set! Have a good day!

Nour: Thanks. You too!

79 ANAHTARLARIMI BULAMIYORUM - I CAN'T FIND MY KEYS (B1)

Li Na: Danny, anahtarlarımı gördün mü?

Danny: Kapının oradaki masanın üzerinde değiller mi?

Li Na: Hayır.

Danny: Mutfak tezgahına baktın mı?

Li Na: Her yere baktım.

Danny: Yatak odasına da mı? Peki ya banyoya?

Li Na: Evet, yatak odasına da banyoya da baktım. İki kere.

Danny: En son nerede gördün?

Li Na: Eve anahtarlarımla girdiğimi hatırlıyorum. En son o zaman gördüm.

Danny: Bu senin başına hep geliyor!

Li Na: Biliyorum. Daha düzenli olmalıyım!

Danny: Her seferinde aynı yere koymalısın. Bu şekilde anahtarları kaybetmezsin.

Li Na: Evet, haklısın ama şu an anahtarlarımı bulmam lazım.

Danny: Tamam, aramana yardım edeceğim. Ben salona bakayım, sen de banyoya ve yatak odasına tekrar bakabilirsin. Sence anahtarları arabanda bırakmış olabilir misin?

Li Na: Hayır çünkü eve arabamı kilitledikten sonra girmem gerekiyor.

Danny: Doğru diyorsun.

Li Na: Yatakta değiller. Yatağın altında değiller. Yerde değiller. Banyo tezgahında ya da çekmecelerinde de yoklar.

Danny: Çantana baktın mı?

Li Na: Elbette baktım!

Danny: Her ihtimale karşı bence bir daha bak.

Li Na: …

Danny: Ne?

Li Na: Buldum onları.

Danny: Neredelermiş?

Li Na: Çantamda.

Danny: Aman Allah'ım...

I CAN'T FİND MY KEYS

Li Na: Danny, have you seen my keys?

Danny: They're not on the table by the door?

Li Na: No.

Danny: Have you checked the kitchen counter?

Li Na: I've looked everywhere.

Danny: Even the bedroom? What about the bathroom?

Li Na: Yes, I've looked in the bedroom and the bathroom. Twice.

Danny: Where was the last place you saw them?

Li Na: I remember walking in the house with them. And that's the last time I remember seeing them.

Danny: This always happens to you!

Li Na: I know. I need to get more organized!

Danny: You should put them back in the same place every time. That way you won't lose them.

Li Na: Yeah, you're right. But right now I just need to find them.

Danny: Okay, I'll help you search for them. I'll look in the living room, and you can look again in the bedroom and bathroom. Do you think you could have left them in your car?

Li Na: No, because I had to lock my car and then get into the house.

Danny: Good point.

Li Na: They're not on the bed. They're not under the bed. They're not on the ground. They're not on the bathroom counter or in the bathroom drawers.

Danny: Did you check your purse?

Li Na: Of course I did!

Danny: Maybe check again, just in case.

Li Na: .....

Danny: What?

Li Na: I found them.

Danny: Where?

Li Na: In my purse.

Danny: Oh my gosh...

80 YAĞMUR YAĞIYOR! - IT'S RAINING! (B1)

Akira: Sanırım bugün yağmur yağacak.

Yasir: Öyle mi? Hava durumunda güneşli olacağı söylendi.

Akira: Benim izlediğim hava durumunda yüzde otuz yağmur ihtimali olduğu söylendi.

Yasir: Emin misin? Doğru şehre mi baktın?

Akira: Yani, öyle sanıyorum! Telefonumdaki hava durumu uygulamasına bakıyordum.

Yasir: Bu çok garip.

Akira: Her ihtimale karşı yanına şemsiye al.

Yasir: Yok.

Akira: Peki! Seni uyarmadım deme sonra!

Yasir: Ha ha. Tamam!

(Sekiz saat sonra...)

Akira: İş nasıldı?

Yasir: İyiydi ama yoğundu. Koşuya çıkıyorum.

Akira: Acele etmelisin! Bulutlar yağmura işaret ediyor.

Yasir: Yağmur yağmayacak, Akira!

Akira: Hmm, görürüz.

(Yasir yirmi dakika sonra geri döner.)

Akira: Aman Allah'ım, sırılsıklam olmuşsun!

Yasir: Koşarken yağmaya başladı!

Akira: Sana yağmur yağacağını söylemiştim!

Yasir: Aman, tamam, haklıydın. Seni dinlemem gerekirdi.

Akira: Gördün mü? Ben hep haklıyım.

Yasir: Hep değil ama... Çoğu zaman.

Akira: Ha ha, teşekkür ederim! Şimdi içeri gir de kuru kıyafet giy!

IT'S RAİNİNG!

Akira: I think it's going to rain today.

Yasir: Really? The weather forecast said it would be sunny.

Akira: The forecast I saw said there was a 30 percent chance of rain.

Yasir: Are you sure? Were you looking at the right city?

Akira: Uh, I think so! I was just looking at the weather app on my phone.

Yasir: That's weird.

Akira: You should take an umbrella just in case.

Yasir: Nah.

Akira: All right! Don't say I didn't warn you!

Yasir: Ha ha. Okay!

(Eight hours later...)

Akira: How was work?

Yasir: It was good but busy. I'm going to go for a run now.

Akira: You should hurry! The clouds look ominous.

Yasir: It's not going to rain, Akira!

Akira: Hmm, we'll see.

(Yasir returns twenty minutes later.)

Akira: Oh my gosh, you're soaked!

Yasir: It started raining while I was running!

Akira: I told you it was going to rain!

Yasir: Ugh, fine, you were right. I should have listened to you.

Akira: See? I'm always right.

Yasir: Not always, but... a lot of the time.

Akira: Ha ha, thanks! Now go get into some dry clothes!

81 ÜZGÜNÜM - I'M SORRY (B1)

Matt: Dana'dan özür dilemek istiyorum. Ona kaba davrandım, kendimi kötü hissediyorum.

Beth: Bence bu iyi bir fikir.

Matt: Sence nasıl özür dilemeliyim?

Beth: Onu aramalı ve ondan seninle buluşmasını istemelisin. Ona, olanlar hakkında konuşmak ve özür dilemek istediğini söylemelisin.

Matt: Tamam, şimdi aradım. Önümüzdeki hafta buluşacağız.

Beth: Bu, iyi oldu. Seninle buluşmayı kabul etmesine sevindim.

Matt: Ben de. Peki, onu gördüğüm zaman ne demeliyim?

Beth: Ona üzgün olduğunu ve neden üzgün olduğunu anlatmalısın. Onun kendisinin nasıl hissettiğini anlattığından da emin olmalısın.

Matt: Evet. Pişman olacağım şeyler söylemekten nefret ediyorum. Bazen sadece çenemi kapalı tutabilsem keşke.

Beth: Herkes pişman olacağı şeyler yapar. İyi olan, söylediğinin hatalı olduğunun farkına varman ve bunun için özür dilemek istemen. Bunu herkes yapmaz.

Matt: Sanırım haklısın. Dana'yla uzun yıllardır arkadaşız. Onunla ilk tanıştığımız zamanı hatırlıyorum. İkimiz de üniversitede dinozorlarla ilgili derse giriyorduk.

Beth: Dinozorlar mı?!

Matt: Evet, harikaydı! Bir gün sınıfta yan yana oturduk ve konuşmaya başladık. Bir de baktık, neredeyse her gün takılmaya başlamışız!

Beth: Ah, bu çok güzel. Eminim seni affedecek. Yerinde olsam çok endişelenmezdim.

Matt: Umarım haklısındır. Onun arkadaşlığı benim için gerçekten önemli.

Beth: Bence bunu anlayacaktır. Gelecek hafta için iyi şanslar dilerim! Nasıl gittiğini bana anlat.

Matt: Anlatırım.

I'M SORRY

Matt: I want to apologize to Dana. I was rude to her and I feel bad about it.

Beth: I think that's a good idea.

Matt: How should I apologize?

Beth: You should call her and ask her to meet you. Tell her you want to talk about what happened and apologize.

Matt: Okay, I just called her. We're going to meet next week.

Beth: That's good. I'm happy she agreed to meet with you.

Matt: Me too. So, what do I say when I see her?

Beth: You should tell her you're sorry and why you're sorry. And make sure she tells you how she feels too.

Matt: Yeah. I hate it when I say something that I regret. I wish I could just keep my mouth shut sometimes.

Beth: Everyone does things they regret. The good thing is that you realized what you said was wrong and you want to apologize for it. Not everyone would do that.

Matt: I guess. Dana and I have been friends for so many years. I remember when I first met her. We were both taking a class on dinosaurs in college.

Beth: Dinosaurs?!

Matt: Yeah, it was cool! We sat next to each other in class one day and we just started talking. And then before I knew it, we were hanging out almost every day!

Beth: Aww, that's so nice. I'm sure she'll forgive you. I wouldn't worry too much.

Matt: I hope you're right. Her friendship is really important to me.

Beth: I think she understands that. Good luck next week! Let me know how it goes.

Matt: Will do.

82 BEBEK PARTISI - A BABY SHOWER (B1)

Kyle: Ne yapıyorsun?

Jenna: Annie'nin bebek partisi için parti hediyeleri hazırlıyorum!

Kyle: Ne tür hediyeler?

Jenna: Bunlar, içlerinde güneş kremi, güneş gözlüğü, parmak arası terlik ve içerisinde birkaç başka eğlenceli eşya bulunan plaj çantaları. Tüm misafirler, isimlerinin yazılı olduğu bir çanta alacak.

Kyle: Bu harika bir fikir! Ayrıca çok güzel görünüyorlar.

Jenna: Teşekkürler. Çok zamanımı aldı!

Kyle: Evet, ama Annie gerçekten mutlu olacak.

Jenna: Umarım!

Kyle: Peki, bebek partisi nasıl oluyor? Daha önce hiç gitmedim.

Jenna: Sanırım partiye göre değişiyor ama genellikle anne adayının kız kardeşi ya da en iyi arkadaşı gibi bir yakını partiyi planlıyor. Yemek ve oyunların yanı sıra, bazen de anne adayı gelen hediyeleri açıyor.

Kyle: Ne tür oyunlar oynanıyor?

Jenna: Çok farklı oyunlar var. Popüler olanlarından birinde, parti sırasında "bebek" kelimesini söyleyemiyorsun. Misafirler geldiğinde herkese bir bebek bezi iğnesi veriliyor ve herkes bunu kıyafetinin üzerine takıyor. Misafirlerden biri, bir diğerinin "bebek" dediğini duyarsa kuralı bozan kişinin iğnesini alıyor. Parti sonunda en çok iğneye sahip olan kişi oyunu kazanıyor.

Kyle: Bu eğlenceli gibi.

Jenna: Evet, başka oyunlar da var, mesela kirli bebek bezi gibi.

Kyle: Hmm, ne?

Jenna: Bezler gerçekten "kirli" değil. Bezin arasına erimiş çikolata koyuyorsun; herkes elden ele gezen bezler içinde ne tür bir çikolatanın olduğunu tahmin etmeye çalışıyor.

Kyle: Vay canına! İlginç.

Jenna: Öyle. Ama eğlenceli!

Kyle: Umarım partide eğlenirsin! Herkesin plaj çantalarına bayılacağına eminim.

Jenna: Teşekkürler!

A BABY SHOWER

Kyle: What are you doing?

Jenna: I'm making party favors for Annie's baby shower!

Kyle: What kind of party favors?

Jenna: These are beach bags filled with things like sunscreen, sunglasses, flip-flops, and other fun things for the beach. Each guest gets a bag with their name on it.

Kyle: That's a good idea! And they look great.

Jenna: Thanks. It's a lot of work!

Kyle: Yeah, but Annie will be really happy.

Jenna: I hope so!

Kyle: So, what happens at a baby shower? I've never been to one.

Jenna: I think it depends on the shower, but usually someone close to the mother-to-be, like her sister or best friend, plans a party. There's food and games and sometimes the mom-to-be opens gifts.

Kyle: What kind of games do you play?

Jenna: There are a lot of different games. In one popular game you can't say the word "baby" at the party. When guests arrive, everyone is given a diaper pin and they wear it on their shirt. If one guest hears another guest say "baby," he or she can take the rule breaker's pin. The person with the most pins wins the game.

Kyle: That's kind of funny.

Jenna: Yeah. There are other games too like dirty diapers.

Kyle: Umm, what?

Jenna: Ha ha. The diapers aren't *actually* "dirty." You put melted chocolate bars inside diapers and everyone passes the diapers around and guesses what kind of candy bar it is.

Kyle: Wow. That's... interesting.

Jenna: It is. But it's fun!

Kyle: Well, I hope you have fun at the party! And I'm sure everyone will love the beach bags.

Jenna: Thanks!

83 TERZIDE - AT THE TAILOR (B1)

Justin: Merhaba, bu pantolonların paçasını kısalttırmak istiyordum. Biraz uzunlar. Ayrıca, bu gömleği de yanlardan daralttırmak istiyorum.

Terzi: Tabii, olur. Pantolonu ve gömleği giymek ister misiniz?

Justin: Evet, lütfen.

Terzi: Tamam, soyunma odası tam şurada.

Justin: Teşekkürler.

(Üç dakika sonra...)

Terzi: Tamam, şimdi aynanın önünde durun. Eğer iki santim kadar kısaltırsam yaklaşık şu boyda olacak. Nasıl görünüyor?

Justin: Evet, iyi görünüyor.

Terzi: Harika. Şimdi gömleğe bakalım.

Justin: Yanlardan biraz geniş olduğunu hissediyorum. İçe alabilir miyiz?

Terzi: Elbette. Nasıl görünüyor?

Justin: Hmm... Böyle bence çok sıkı oldu. Biraz daha gevşek bırakabilir miyiz?

Terzi: Tabii. Bu nasıl?

Justin: İşte bu mükemmel.

Terzi: Harika! Gidip üstünüzü değiştirebilirsiniz. Pantolonu ve gömleği çıkarırken dikkatli olun, üzerlerinde iğneler var!

Justin: Tamam, uyarı için teşekkürler! Bir yerime batmasını istemem!

Terzi: Kesinlikle, bu pek iyi olmaz!

(Dört dakika sonra...)

Justin: Şimdi mi ödüyorum, sonra mı?

Terzi: Nasıl isterseniz!

Justin: Tamam, alacağım zaman öderim.

Terzi: Sorun değil.

Justin: Ne zamana hazır olurlar?

Terzi: Sanırım yedi günle on gün arası sürer. Bittiğinde sizi ararım.

Justin: Harika, teşekkürler.

Terzi: Rica ederim. İyi günler!

Justin: Size de.

AT THE TAİLOR

Justin: Hi. I'd like to get these pants hemmed. They're a little long. And I also want to make this shirt a little narrower on the sides.

Tailor: Great. Would you like to try on the pants and shirt?

Justin: Yes, please.

Tailor: All right, the fitting room is right there.

Justin: Thanks.

(Three minutes later...)

Tailor: Okay, come stand in front of the mirror. So, if I shorten them about an inch, they will be this long. How does that look?

Justin: Yeah, that looks good.

Tailor: Good. Let's take a look at the shirt.

Justin: I feel like it's a little wide on the sides. Can we take it in?

Tailor: Sure. How does this look?

Justin: Hmm... I actually think that's a little too tight. Can we make it a little looser?

Tailor: Yep. How's that?

Justin: That's perfect.

Tailor: Great! Go ahead and get changed. Be careful taking off your pants and shirt because there are pins in there!

Justin: Oh, thanks for the warning! I don't want to get jabbed!

Tailor: No, that wouldn't be good!

(Four minutes later...)

Justin: Do I pay now or later?

Tailor: It's up to you!

Justin: Okay, I'll pay when I pick them up.

Tailor: Sounds good.

Justin: When will they be ready?

Tailor: I think these will take between seven and ten days. I will give you a call when they're finished.

Justin: Great, thanks.

Tailor: No problem. Have a good day!

Justin: Same to you.

84 PARK YERI ARARKEN - LOOKING FOR A PARKING SPOT (B1)

Dany: Bu indirim mağazası, günün bu saatlerinde hep çok kalabalık oluyor. Sahi, buraya neden gelmiştik?

Jon: Tüm arkadaşlarımızın ve aile üyelerimizin ta kuzeyden geldiği devasa bir parti düzenliyoruz ya. O kadar insan için toplu olarak alışveriş yapıp paradan tasarruf edeceğiz. Ayrıca, müsait olduğum başka bir gün yok.

Dany: En azından biraz sosis ve pizza için durabilir miyiz? Buranın pizzaları muhteşem.

Jon: Olur! Seni burada bırakabilirim. Ben park yeri bulana kadar sen de sipariş verirsin?

Dany: Saçmalama! Park yerine birlikte bakalım. Zaten bu işin çok uzun süreceğini hissediyorum.

Jon: Tamam. Şu uzak köşede bir yer var sanırım!

Dany: Buradan dön! Park yerinin bu bölümünde genellikle daha az araba oluyor.

Jon: İyi fikir! Ah, işte boş bir yer... HEY!

Dany: Bizim park yerimizi mi çaldı o?! Oraya gireceğimiz belliydi!

Jon: Bu pek hoş olmadı.

Dany: Neyse, haydi aramaya devam edelim. İşte! Sanırım bir tane görüyorum! Yok, dur... Bu adam arabasının farlarını açık bırakmış. Arabanın içinde biri var.

Jon: Bu park yerinde on beş dakikadır dolanıyoruz. Buraya gelmekle büyük bir hata yapmışız gibi hissediyorum.

Dany: Çok kolay vazgeçiyorsun... Şuraya bak! Şu adam çıkıyor!

Jon: Evet! Bu park yeri bizim!

Dany: Yaşasın! Pizza zamanı!

LOOKİNG FOR A PARKİNG SPOT

Dany: This warehouse club is always so busy at this time of day. Why are we here again?

Jon: Well, we have that giant party where all our friends and family from up north are coming down. With that many people, we need to purchase things in bulk quantities so we can save money. Plus, I don't have time any other day.

Dany: Can we at least stop for hot dogs and some pizza? Their pizza is awesome.

Jon: Sure! Maybe I should drop you off so you can order while I go find parking?

Dany: Don't be silly. Let's just look for a spot together. I feel like this is going to take much too long anyway.

Jon: Okay. I think I see a space in the far corner!

Dany: Turn in here! There are usually fewer cars in this section of the parking lot.

Jon: Good idea! Oh, here's a spot—HEY!

Dany: Did he just steal our parking space?! It was clearly ours!

Jon: That wasn't very nice.

Dany: Ugh, let's just keep looking. Oh! I think I see one! Oh wait… this person just left the car's lights on. There's no one in it.

Jon: We've been circling this parking lot for fifteen minutes now. I feel like I've made a huge mistake.

Dany: You give up too easily… look over there! That person is leaving!

Jon: Yes! This parking space is ours!

Dany: Hooray! Time for pizza!

85 NE IZLEYELIM? - WHAT SHOULD WE WATCH? (B1)

Will: Bu akşam dışarı çıkmak ister misin?

Kala: Aslında, evde otururuz diye düşünüyordum; TV kanallarımızdan birinde bir şeyler izler, dışarıdan yemek söyleriz.

Will: Harika olur. Benim de pek dışarı çıkasım yok. Tayland yemeği nasıl olur?

Kala: Lezzetli olur! Ama daha önemlisi; ne izleyeceğiz?

Will: İyi soru. Adamın gizli devlet servisi tarafından kovalandığı şu diziyi bitirmek ister misin?

Kala: Yok ya, gerilimli bir şey izlemek istemiyorum.

Will: Tamam, peki İngiliz yemek şovunu izlemeye ne dersin?

Kala: O programa bayılıyorum ama bu akşam onu izleyesim yok.

Will: Tamam... Peki, dedektiflerin eski suç davalarını çözdükleri programa ne dersin?

Kala: Hmm, olur! Kulağa hoş geliyor.

Will: İzlediğimiz son bölüm hangisiydi?

Kala: Hatırlayamıyorum.

Will: Galiba, Kuzey Karolina'da bir ormandalardı.

Kala: Evet! Haklısın! O, dördüncü bölümdü galiba?

Will: Vay canına, hafızan iyiymiş. Hadi beşinci bölümü izleyelim!

WHAT SHOULD WE WATCH?

Will: Do you want to go out tonight?

Kala: Actually, I was thinking we could stay at home, watch something on one of our streaming services, and get food delivered.

Will: That sounds great. I don't really feel like going out anyway. How does Thai food sound?

Kala: That sounds delicious! But more importantly, what should we watch?

Will: Good question. Do you want to finish watching that series where that guy is being chased by some secret government agency?

Kala: Nah, I don't feel like watching something suspenseful.

Will: Okay, how about that baking show from England?

Kala: I love that show but I don't feel like watching it tonight.

Will: All right… how about that show where the detectives are trying to solve old crimes?

Kala: Hmm, okay! That sounds good.

Will: What was the last episode we watched?

Kala: I can't remember.

Will: I think they were in a forest in North Carolina?

Kala: Yes! You're right! That was episode four, I think?

Will: Wow, good memory. Let's watch episode five!

86 OTELE GIRIŞ YAPARKEN - CHECKING IN AT THE HOTEL (B1)

Resepsiyonist: Merhaba. Hotel by the Sea'ye hoş geldiniz. Size nasıl yardımcı olabilirim?

Freddy: Merhaba, Jones soyadıyla rezervasyonumuz var.

Resepsiyonist: Harika, hemen bakıyorum. Tamam... Üç gecelik, kral yataklı büyük oda rezervasyonunuz var.

Freddy: Evet.

Resepsiyonist: Rezervasyon işleminizi tamamlamak için kimliğinizi ve kredi kartınızı görebilir miyim?

Freddy: Evet, buyurun.

Resepsiyonist: Teşekkür ederim. Nereden geliyorsunuz?

Freddy: Körfez Bölgesi'nden.

Resepsiyonist: Ne kadar güzel! Körfez Bölgesi'ni çok severim.

Freddy: Biz de seviyoruz! Ama San Diego'yu da seviyoruz. Yılda bir kez buraya gelmeye çalışıyoruz.

Resepsiyonist: Ben de San Diego'yu seviyorum! Burada o yüzden yaşıyorum. Öyleyse tekrar hoş geldiniz!

Freddy: Teşekkürler! Acaba, manzaralı odanız var mı?

Resepsiyonist: Hemen kontrol edeyim. Ah, şans sizden yana! Yaklaşık beş dakika önce bir rezervasyon iptali olmuş.

Freddy: Vay! İyi ki sormuşum.

Resepsiyonist: Evet, kesinlikle! Bilgisayarda bilgilerinizi hemen değiştireyim.

Freddy: Elbette, bekleyebilirim.

Resepsiyonist: Tamam... Artık geçebilirsiniz. Anahtarlarınız ve kablosuz internet erişim bilgileriniz burada. Asansörleri, hemen köşeyi dönünce bulabilirsiniz.

Freddy: Harika, teşekkürler!

CHECKİNG İN AT THE HOTEL

Receptionist: Hello. Welcome to Hotel by the Sea. How can I help you?

Freddy: Hi, we have a reservation under the last name Jones.

Receptionist: Great, let me look that up. Okay... you have a large room with a king bed for three nights.

Freddy: Yes.

Receptionist: Can I see your ID and the credit card you used to make the booking?

Freddy: Yes, here they are.

Receptionist: Thank you. So where are you traveling from?

Freddy: We're from the Bay Area.

Receptionist: Oh, nice! I love the Bay Area.

Freddy: We do too! But we also love San Diego. We try to come here once a year.

Receptionist: I love San Diego too! That's why I live here. Well, welcome back!

Freddy: Thanks! Actually, are there any rooms with views available?

Receptionist: Let me check. Oh, it looks like you're in luck! We had a cancellation about five minutes ago!

Freddy: Wow! I'm glad I asked.

Receptionist: I am too! Let me change your information in the computer.

Freddy: That's fine; I can wait.

Receptionist: All right... you're good to go. Here are your keys and this is the Wi-Fi information. The elevators are around the corner there.

Freddy: Great, thank you!

Receptionist: My pleasure. Enjoy your stay and please let us know if you have any questions.

Freddy: Thank you!

87 PROFESÖRÜNLE KONUŞMALISIN - YOU SHOULD TALK TO THE PROFESSOR (B1)

Debbie: Bu derste pek iyi olduğumu sanmıyorum.

Phil: Gerçekten mi? Neden? Ders zor mu?

Debbie: Evet, biraz zor. İş yerinde çok çalışıyorum ve istediğim kadar ders çalışmak mümkün olmuyor. Her akşam ödev yapmak ve testlere çalışmak için bir saatim oluyor. Oysa üç saat lazım!

Phil: Anladım. Bu kötüymüş.

Debbie: Bu dersten iyi bir not almam da gerekiyor, o yüzden biraz endişeliyim.

Phil: İşinde biraz daha az çalışamaz mısın?

Debbie: Şu an olmaz. Aileme yardım etmek zorundayım.

Phil: Anlıyorum. Dersin profesörüyle konuşup ödevleri tamamlaman için sana ilave zaman vermesini ondan rica etmeye ne dersin?

Debbie: Ben de bunu düşünüyordum. Ama profesörler, öğrencilerin ilave zaman istemesinden hoşlanmıyor. Bir derse kaydolduğun zaman bir yükümlülüğün oluyor ve bunu ciddiye alman gerekiyor.

Phil: Biliyorum ama denemeden bilemezsin. Profesörün, anlayışlı biri olabilir.

Debbie: Evet... Sanırım yarın çalışma saatleri içinde onunla konuşacağım.

Phil: Bana nasıl geçtiğini anlat.

Debbie: Anlatırım.

(Sonraki gün.)

Debbie: Profesörle konuştum.

Phil: Öyle mi? Nasıl geçti?

Debbie: Gerçekten çok nazikti. Bu hafta ve önümüzdeki haftanın ödevleri için bana ilave zaman verecek. Gerçekten müteşekkirim.

Phil: Çok nazikmiş. Gördün mü? Onunla konuşmanı söylemiştim!

Debbie: Biliyorum. Sorarken kendimi çok kötü hissettim ama sorduğum için memnunum.

Phil: Umarım birkaç hafta sonra programın biraz sakinleşir ve her şeyi dengelemek için zamanın olur.

Debbie: Umarım öyle olur!

YOU SHOULD TALK TO THE PROFESSOR

Debbie: I don't think I'm doing very well in this class.

Phil: Really? Why? Is the class difficult?

Debbie: Yes, it's a little difficult, but I've been working a lot and I haven't been able to study as much as I would like. I only have about one hour a night to do homework and study for tests. I need about three hours!

Phil: Oh, I see. That's too bad.

Debbie: I need to get a good grade in this class, too. So, I'm a little worried.

Phil: Can you work a little less?

Debbie: Not right now. I need to help my family.

Phil: I understand. Maybe you can talk to the professor and see if he can give you a little extra time to finish assignments?

Debbie: I've been thinking about doing that. But professors don't like it when students ask for extensions. When you enroll in a class, that's a commitment you make and you have to take it seriously.

Phil: I know. But you never know. The professor may be understanding.

Debbie: Yeah… I think I'll go talk to him during his office hours tomorrow.

Phil: Let me know how it goes.

Debbie: I will.

(The next day.)

Debbie: So, I talked to the professor.

Phil: Yeah? How did it go?

Debbie: He was really nice. He's giving me an extension on the homework this week and next week. I'm so grateful.

Phil: That's so nice of him. See? I told you to talk to him!

Debbie: I know. I felt so bad for asking, but I'm glad I did.

Phil: Well, hopefully after a couple weeks your schedule will calm down and you'll have time to balance everything.

Debbie: I hope so!

88 SIRT ÇANTALI GEZI PLANI YAPARKEN - PLANNING A BACKPACKING TRIP (B1)

Janet: Seyahatimizi planlamaya başlamamız lazım!

Carlos: Evet, öyle! Şimdi vaktin var mı?

Janet: Evet, dizüstü bilgisayarımızı ve seyahat rehberlerimizi alıp oturalım.

Carlos: Tamam, ben de biraz kahve yapayım.

Janet: Harika, bence önce bütçeye karar vermekle başlamamız gerekiyor.

Carlos: Katılıyorum.

Janet: 3.500$ nasıl?

Carlos: 3.500$, ikimiz için toplam mı yoksa ayrı ayrı mı?

Janet: Hmm, kesinlikle ikimiz için toplam!

Carlos: Tamam, iyi. Endişelenmiştim!

Janet: Barselona'ya uçarsak bilet, gidiş dönüş kişi başı yaklaşık 1.000$ tutacak.

Carlos: Hmm... öyleyse geriye 1.500$ kalıyor. İşten kaç gün izin alabilirsin?

Janet: On gün... Sen de iki hafta alabilirsin, değil mi?

Carlos: Evet.

Janet: Öyleyse hafta sonları ve gidiş dönüş uçuşlarıyla, Avrupa'da yaklaşık on iki gece harcayacağız.

Carlos: Harika, yani bu on iki gece için 1.500$'ımız olduğu anlamına geliyor. Hangi ülkelere gitmek istiyorsun?

Janet: Barselona'ya uçacağız, yani İspanya'da biraz vakit geçirebiliriz. İspanya dışında, ben gerçekten İtalya ve Fransa'ya gitmek istiyorum.

Carlos: Peki ya Portekiz? Ben de oraya gitmeyi çok istiyorum, hem orası İspanya'ya da yakın.

Janet: On iki gecede dört ülke, sence de çok değil mi?

Carlos: Yani, her yerde iki ya da üç gece geçirebileceğiz.

Janet: Bence üç ülkeye gitmeliyiz; böylece her ülkede biraz daha fazla vakit geçirebiliriz.

Carlos: Tamam. Peki, İtalya'yı bir başka zamana saklasak nasıl olur? Orada daha fazla zaman geçirmek istiyorum da.

Janet: Ben de İtalya'ya gitmek için sabırsızlanıyorum ama bence bu söylediğin, iyi bir fikir. Keşke zengin olsaydık ve çalışmamız gerekmeseydi!

Carlos: Değil mi ya? Neyse, şimdilik uçuş güzergahına karar verelim…

PLANNİNG A BACKPACKİNG TRİP

Janet: We need to start planning our trip!

Carlos: Yes, we do! Do you have time now?

Janet: Yep. Let's sit down with the laptop and our travel books.

Carlos: Okay, I'll make some coffee.

Janet: Great. I think we should start by deciding on a budget.

Carlos: I agree.

Janet: How does $3,500 sound?

Carlos: $3,500 each or for both of us?

Janet: Umm, definitely for both of us!

Carlos: All right, good. I was worried!

Janet: If we fly to Barcelona, the flight will be around $1,000 roundtrip for each ticket.

Carlos: Hmm... so then we will have around $1,500 left. How many days can you take off work?

Janet: Ten days. You can take two weeks off, right?

Carlos: Yeah.

Janet: So, with weekends and the flights there and back we can spend about twelve nights in Europe.

Carlos: Awesome. That means we have $1,500 for twelve nights. What countries do you want to go to?

Janet: Well, we're flying into Barcelona, so we can spend some time in Spain. Aside from Spain, I really want to go to Italy and France.

Carlos: What about Portugal? I really want to go there and it's close to Spain.

Janet: Do you think four countries in twelve nights is too much?

Carlos: Well, we would only be able to spend about two or three nights in each place.

Janet: I think we should just do three countries. Then we could spend a little more time in each country.

Carlos: Okay. What about if we saved Italy for another time? I really want to spend more time there anyway.

Janet: Yeah, I'm dying to go to Italy but I think that's a good idea. If only I were rich and didn't have to work!

Carlos: I know, right? Well, for now let's figure out our itinerary...

89 HEDIYELIK EŞYA ALIRKEN - BUYING SOUVENIRS (B1)

Danielle: Unutma, hâlâ arkadaşlarımız ve ailemiz için hediyelik eşya almamız gerekiyor.

Kenji: Evet, aklımda. Sadece birkaç dükkân gezebilir miyiz? Alışveriş için çok fazla zaman harcamak istemiyorum. Tatilimizin bitmesine yalnızca iki gün var.

Danielle: Evet, iki saatte her şeyi almaya çalışalım.

Kenji: Tamam! Nereye gidelim?

Danielle: Merkezdeki pazara gidelim. Hem yemek hem de yerli ürünler var; ayrıca orada pazarlık da yapabilirsin.

Kenji: Pazarlığı sen yapar mısın? Ben o konuda çok iyi değilim!

Danielle: Çok naziksin! Daha kararlı olman lazım. Bir de, istediğin fiyatı söylemezlerse dükkândan çıkmalısın.

Kenji: Denerim!

Danielle: Sarah'ya ne alalım?

Kenji: Belki biraz kahve? Ya da çikolata? Veya her ikisinden de.

Danielle: İyi fikir. Kahveye bayılıyor.

Kenji: Akihiro'ya ne alacağız?

Danielle: Hmm… Ona hediye almak çok zor. Zaten her şeyi var!

Kenji: Biliyorum. Yemek seviyor. Ona yerel atıştırmalıklardan da biraz alalım.

Danielle: Doğru. Tamam, atıştırmalıklar olsun.

Kenji: Peki ya annen?

Danielle: Sanırım ona evinde kullanması için bir çeşit sanat eseri alırsak sevinir. Bir tablo ya da resim mesela?

Kenji: Harika fikir. Fakat eve taşımak zor olmaz mı?

Danielle: Evet. Bavulumuzda mahvolmayacak bir şeyler bulmamız lazım.

Kenji: Tamam. Hadi gidelim!

BUYİNG SOUVENİRS

Danielle: Remember, we still need to buy some souvenirs for our friends and family.

Kenji: Yep, I haven't forgotten. Can we go to just one or two stores? I don't want to spend too long shopping. We only have two more days left of our vacation.

Danielle: Yeah, let's try to buy everything in two hours.

Kenji: Okay! Where should we go?

Danielle: Let's go to the central market. They have food and local products. And you can bargain there.

Kenji: Can you do the bargaining, though? I'm not good at it!

Danielle: You're too nice! You have to be firmer. And you have to walk away if they don't give you the price you want.

Kenji: I'll try!

Danielle: What should we get Sarah?

Kenji: Maybe some coffee? Or chocolates. Or both.

Danielle: That's a good idea. She loves coffee.

Kenji: What about Akihiro?

Danielle: Hmm… it's so difficult to get presents for him. He already has everything!

Kenji: I know. He likes food. We could get him some local snacks.

Danielle: True. Okay, snacks it is.

Kenji: And how about your mom?

Danielle: I think she would love some kind of art for her house. Maybe a painting or drawing?

Kenji: Good call. But will it be hard to transport it home?

Danielle: Yeah. We need to find something that won't get ruined in our suitcases.

Kenji: Right. Okay, off we go!

Zara: Galiba işten ayrılmak istiyorum.

T.J.: Gerçekten mi? Neden? İşini sevdiğini sanıyordum!

Zara: Eskiden seviyordum ama artık sıkıldım gibi.

T.J.: Nasıl yani?

Zara: Her gün aynı şeyi yaptığımı hissediyorum. Daha zorlayıcı bir şeylere ihtiyacım var.

T.J.: Anladım. Anlaşılır bir şey bu. Aynı alanda mı yoksa tamamen farklı bir alanda mı iş bakacaksın?

Zara: Bilmiyorum. Muhasebeyi seviyorum ama acaba iç tasarıma mı yönelsem diyorum.

T.J.: Ciddi olamazsın?! Vay canına, bu büyük bir değişiklik. Bence harika bir iç mimar olursun.

Zara: Teşekkürler! Sen de biliyorsun, hobi olarak hep ilgimi çeken bir alan olmuştur ama artık bunu bir kariyer olarak görmeyi düşünüyorum.

T.J.: Bu, gerçekten şaşırtıcı bir haber! Ne tür bir iç mimar olmak istediğin hakkında bir fikrin var mı?

Zara: Henüz emin değilim ama restoranları tasarlama fikrine bayılıyorum.

T.J.: Evet, bu çok eğlenceli olur. Sence iç tasarımdan da muhasebeden sıkıldığın gibi sıkılır mısın?

Zara: Sanmıyorum. Bu iş yaratıcılık istiyor ve her seferinde yeni bir şey tasarlıyorsun.

T.J.: Evet, doğru söylüyorsun. Peki o zaman, yeni maceranda sana iyi şanslar!

Zara: Teşekkürler! Gelişmelerden seni haberdar ederim.

CAREER CHANGE

Zara: I think I'm going to quit my job.

T.J.: Really?! Why? I thought you loved your job!

Zara: I used to love it, but I've gotten kind of bored.

T.J.: What do you mean?

Zara: I feel like I do the same thing every day. I want something a little more challenging.

T.J.: I see. That makes sense. Are you going to look for a job in the same field or in a totally different field?

Zara: I don't know. I like accounting but I'm actually thinking of getting into interior design.

T.J.: Really?! Wow, that would be a big change. I think you'd be so good at interior design, though.

Zara: Thanks! As you know, I've always been interested in it as a hobby. But I've been thinking about pursuing it as a career.

T.J.: This is such interesting news! Any ideas about what kind of interior design?

Zara: I'm not sure yet. I'd love to help design restaurants though.

T.J.: Oh, that would be fun. Do you think you'd get bored with interior design like you have with accounting?

Zara: I don't think so. It requires creativity, and you're always designing something different.

T.J.: Yeah, that makes sense. Well, good luck on this new journey!

Zara: Thanks! I'll keep you updated.

91 EMEKLILIK PARTISI PLANLAMASI - PLANNING A RETIREMENT PARTY (B1)

Trish: Merhaba Garret. Bill'in emeklilik partisini planlamaya başlamalıyız. Bir ay sonra onun son günü.

Garrett: Evet, hadi konuşalım! Şu an birkaç dakikan var mı?

Trish: Evet, biraz beklersen not almak için hemen kâğıt kalem getireyim.

Garrett: Tamam.

Trish: Ne dersin? Partiyi ofiste mi yoksa restoran gibi başka bir yerde mi düzenleyelim?

Garrett: Bence ofis çok küçük, üstelik o yirmi beş yıldır burada çalışıyor. Bence bunun için ofis dışında bir kutlama gerekiyor.

Trish: Katılıyorum. Bence herkes için de bu daha keyifli olur. Böylece isterse Bill'in ailesi de gelebilir.

Garrett: Evet.

Trish: Yeni açılan restoran Hearth hakkında harika şeyler duydum. Oranın ismini duydun mu hiç?

Garrett: Evet, duydum! Denemek istiyordum.

Trish: Ben de. Arka tarafta özel etkinlikler için ayrılan bir odaları varmış. Haydi, internetten ücretin ne kadar olduğuna bakalım.

Garrett: Tamam.

Trish: Fiyatı pek fena sayılmaz. Üç saatlik bir etkinlik için 300$ istiyorlar.

Garrett: O kadar güzel bir restoran için ücret kulağa hoş geliyor.

Trish: Evet. Hmm... Partiyi hangi gün yapalım?

Garrett: Cuma gününe ne dersin, Ağustos'un 5'i?

Trish: Bence mükemmel olur.

Garrett: Harika! Restoran yiyecek bir şeyler veriyor mu?

Trish: Muhtemelen içecek ve atıştırmalık bir şeyler verirler.

Garrett: Tamamdır. Restorana soracağımız birkaç soruyu not ediyorum. Diğerlerine o günün uygun olup olmadığını sormak ister misin?

Trish: Elbette!

PLANNING A RETIREMENT PARTY

Trish: Hey, Garrett. We should start planning Bill's retirement party. His last day is a month from today.

Garrett: Yes, let's talk about it! Do you have a few minutes now?

Trish: Yeah. Let me go get a pen and paper so I can take some notes.

Garrett: Okay.

Trish: So, what do you think? Should we have the party at the office or somewhere else, like a restaurant?

Garrett: I think the office is too small. And he's been here twenty-five years. I feel like that calls for an out-of-the-office celebration.

Trish: I agree. I think that would be more enjoyable for everyone. And that way Bill's family can come if they want.

Garrett: Yep.

Trish: I've heard great things around that new restaurant Hearth. Have you heard of it?

Garrett: Yeah, I have! I've been meaning to try it.

Trish: Me too. They have a room in the back that you can reserve for events. Let's look online and see how much it is.

Garrett: Okay.

Trish: Oh, the price isn't that bad. It's $300 for a three-hour event.

Garrett: That sounds good for such a nice restaurant.

Trish: Yeah. Hmm… what day should we have the party?

Garrett: What about Friday, August 5?

Trish: I think that's perfect.

Garrett: Great! Does the restaurant provide food?

Trish: They probably provide some drinks and appetizers.

Garrett: All right, I'll write down some questions to ask the restaurant. Do you want to ask everyone if they can make it that day?

Trish: Sure!

92 VALIZIM GELMEDI - MY SUITCASE DIDN'T SHOW UP (B1)

Rina: Merhaba, otuz dakikadır bekliyorum ve valizim hala gelmedi.

Quentin: Uçuş numaranız neydi?

Rina: LK145.

Quentin: Tamam, hemen kontrol edeyim. Hmmm... Evet, tüm valizlerin çıkmış olması lazım. Ofisimizin önündeki valize baktınız mı?

Rina: Evet.

Quentin: Tamam, sıkıntı yaşadığınız için üzgünüm. Lütfen kayıp bagaj formunu doldurun. Valiziniz ya bir sonraki uçuşa alınmıştır ya da Denver'dan kalkan uçağa hiç alınmamıştır.

Rina: Tamam, anlıyorum. Sizce buraya gelmesi kaç gün sürer?

Quentin: En erken bu akşam gelir ancak yarın gelme ihtimali de var.

Rina: O valizde işle ilgili çok önemli bazı belgeler vardı. Bu durumdan hiç memnun olmadım.

Quentin:. Sıkıntı yaşadığınız için üzgün olduğumu tekrar belirtmek isterim hanımefendi. Valizinizi en kısa sürede buraya getirmek için elimizden gelen her şeyi yapacağız.

Rina:. Valizi almak için havalimanına tekrar mı gelmem gerekiyor?

Quentin: Evde birileri varsa adresinize gönderebiliriz.

Rina: Bu akşam ben evdeyim, yarın da kocam evde olacak.

Quentin: Mükemmel. Eğer kimse evde olmazsa tekrar havalimanına getireceğiz, o zaman buradan alabilirsiniz. Ya da ertesi gün tekrar göndermeyi deneyebiliriz.

Rina: Evde mutlaka birileri olacak.

Quentin: Harika. Valiziniz geciktiği için tekrar özür dilerim. İyi günler.

Rina: Teşekkürler. Size de.

MY SUITCASE DİDN'T SHOW UP

Rina: Hi. I've been waiting for thirty minutes and my suitcase still hasn't come out.

Quentin: What was your flight number?

Rina: LK145.

Quentin: OKAY, let me look that up. Hmm… yes, all of the bags should be out. Have you checked the luggage in front of this office?

Rina: Yes.

Quentin: Okay, I apologize for the inconvenience. Please fill out this missing bag report. Your bag was either put on a later flight, or it never made it on the flight from Denver.

Rina: Ugh. I see. How many days do you think it'll take to get here?

Quentin: It may get here as early as this evening, but it's possible it could get here tomorrow. I think it should arrive by the end of the day tomorrow.

Rina: I have some important documents for work in that bag. I'm not very happy about this.

Quentin: Again, I'm sorry for the inconvenience, ma'am. We'll do everything we can to get your bag back to you as soon as possible.

Rina: Thanks. Do I have to come back to the airport to pick it up?

Quentin: We can deliver it to your address if someone will be home.

Rina: I'll be home tonight and my husband will be home tomorrow.

Quentin: Perfect. If no one is home, we'll bring it back to the airport and you can pick it up here. Or we can try to deliver it again the next day.

Rina: Someone should be home.

Quentin: Sounds good. Again, I apologize that your bag has been delayed. Have a good day.

Rina: Thanks. Same to you.

93 BAHŞIŞ GELENEKLERI - TIPPING CUSTOMS (B1)

Jakob: Burada bahşiş bırakmaya hala alışamadım. Danimarka'da neredeyse hiç bahşiş vermeyiz.

Ella: Ciddi misin?

Jakob: Evet. Danimarka'daki hizmet ücretleri, hesaba dahildir. Bahşiş verebilirsin ama vermek zorunda değilsin.

Ella: Anladım. Burada da tıpkı satış vergisi gibi bahşişin hesaba dahil olmasını isterdim. Matematikte hiç iyi değilim ve bahşişin ne kadar olduğunu hesaplamak bir ömür sürüyor!

Jakob: Ha ha, gerçekten mi? Aslında telefonundaki hesap makinesini kullanabilirsin.

Ella: Biliyorum. Bazı durumlarda kolay ama hesabı üç dört kişinin bölüştüğü durumlarda daha zor oluyor.

Jakob: Doğru.

Ella: Bahşiş bırakmak Avrupa'da yaygın mı?

Jakob: Nerede olduğuna ve ne tür bir hizmet aldığına bağlı. Daha çok isteğe bağlı bir durum. Ne kadar bahşiş bırakacağından emin değilsen hesabın yüzde 10'u kadar bırakmalısın. Ama eğer hizmet kötüyse hiç bahşiş bırakmazsın.

Ella: Bu çok daha kolaymış.

Jakob: Evet, mesela İzlanda ve İsviçre'de bahşiş bırakmana hiç gerek yok.

Ella: Bunu bildiğim iyi oldu.

Jakob: Almanya'da ise hesabı öderken garsona hizmet ücretinin ne olduğunu sormalısın. Eğer hesabın yirmi avroysa ve iki avro bahşiş bırakmak istiyorsan parayı, mesela yirmi beş avroyu, garsona verip "yirmi iki avro" dersin. O da sana üç avro geri verir.

Ella: Anladım. Vay canına, bahşiş konusunda çok bilgilisin!

Jakob: Ha ha. Yani, sonuçta çok seyahat ettim.

Ella: Şanslı seni!

TİPPİNG CUSTOMS

Jakob: I still can't get used to tipping here. We rarely tip in Denmark.

Ella: Really?

Jakob: Yeah. In Denmark service charges are included in the bill. You can tip, but you don't have to.

Ella: Oh, I see. I wish tipping was included in the bill here, like sales tax. I'm not good at math and it takes me forever to calculate the tip!

Jakob: Ha ha, really? You can just use the calculator on your phone.

Ella: I know. Sometimes it's easy, but it's harder when you're splitting the bill with three or four people.

Jakob: True.

Ella: Is tipping common in Europe?

Jakob: It depends on where you are and what kind of service you're getting. It's mostly optional. If you're not sure how much to tip, you should tip around 10 percent. But if the service is bad, you don't have to tip anything.

Ella: That sounds much easier.

Jakob: Yeah, and in Iceland and Switzerland you don't need to tip at all.

Ella: That's good to know.

Jakob: And in Germany you should tell the server how much to charge you when you're paying the bill. So, if your bill is twenty euros and you want to tip two euros, you hand him, say, twenty-five euros, and you tell him "twenty-two euros." Then, he will give you three euros back.

Ella: I see. Wow, you know a lot about tipping!

Jakob: Ha ha. Well, I've kind of traveled a lot.

Ella: Lucky guy!

94 SANAT MÜZESI GEZISI - TRIP TO THE ART MUSEUM (B1)

Lisa: İşte geldik! Bu sergiyi göreceğim için heyecanlıyım. On sekizinci yüzyıla ait Japon tablolarını hep sevmişimdir.

Mark: Japon sanatıyla nasıl tanıştın?

Lisa: Üniversitedeyken sanat tarihi dersi almıştım ve o zamandan beri özellikle on sekizinci yüzyıl sonrasına ait Japon sanatı hep ilgimi çekmiştir. Ukiyo-e adında bir sanat akımı var, gerçekten harika.

Mark: Çok ilginç. Belki bana da biraz öğretirsin!

Lisa: Çok isterim!

Mark: Sergi girişi burada.

Lisa: Yaşasın!

Mark: Şu tabloya bir bak. Renkler muhteşem.

Lisa: Evet, Ukiyo-e çizimlerindeki parlak renklere bayılıyorum.

Mark: Neden tüm tablolar birbirine benziyor?

Lisa: O zamanların akımı böyleymiş.

Mark: Bir de ne kadar çok geyşanın resmi var.

Lisa: Evet, dönemin popüler temalarından.

Mark: Manzara resimleri de gerçekten harika.

Lisa: Değil mi? O dönemin manzara resimlerine bayılıyorum. Sen ne tür sanat eserlerinden hoşlanıyorsun?

Mark: Hmm, bilmem. Hiç düşünmedim. Sanırım fotoğraf seviyorum.

Lisa: Ciddi misin? Ne tür fotoğraflar?

Mark: Siyah ve beyaz fotoğraflar, portreler…

Lisa: İlginç. Sen de fotoğraf çekiyor musun?

Mark: Bazen! Çok iyi değilim. Aslında; ders almak ve sonrasında da güzel bir kamera satın almak istiyorum.

Lisa: Bu harika olur! Yapmalısın.

Mark: Evet, düşünüyorum.

Lisa: Artık ikinci kattaki sergiyi görmeye gidelim mi?

Mark: Gidelim!

TRİP TO THE ART MUSEUM

Lisa: We're here! I'm excited to see this exhibit. I've always liked eighteenth-century Japanese paintings.

Mark: How did you discover Japanese art?

Lisa: I took an art history class in college and I've been drawn to Japanese art ever since, especially from the eighteenth century. There's a style called Ukiyo-e that's very cool.

Mark: Interesting. Well, maybe you can teach me about it!

Lisa: I'd love to!

Mark: Here is the entrance to the exhibit.

Lisa: Yay!

Mark: Oh, look at this painting here. The colors are awesome.

Lisa: Yeah, I love the bright colors of Ukiyo-e paintings.

Mark: Why do all the paintings look so similar?

Lisa: That was the style back then.

Mark: And there are so many paintings of geishas.

Lisa: Yeah, that was a popular subject.

Mark: The landscape paintings are really cool, too.

Lisa: Aren't they? I love the landscapes from that period. So, what kind of art do you like?

Mark: Umm, I don't know. I've never really thought about it. I like photography.

Lisa: Really? What kind of photography?

Mark: Black and white photos, portraits…

Lisa: Interesting. Do you take pictures?

Mark: Sometimes! I'm not very good. I'd like to take a class, actually, and eventually I want to invest in a nice camera.

Lisa: That would be great! You should.

Mark: I'm thinking about it.

Lisa: Should we go see the exhibit on the second floor now?

Mark: Sure!

95 ELEKTRIK KESINTISI - POWER OUTAGE (B1)

Elizabeth: Galiba elektrikler kesildi.

Jung-woo: Ciddi misin? Ben ışıkları kapattın sandım.

Elizabeth: Hayır. Banyonun ışığını bir denesene.

Jung-woo: Yok, yanmıyor.

Elizabeth: Peki yatak odasının ışığı?

Jung-woo: Hayır. O da çalışmıyor.

Elizabeth: Hmm, tamam.

Jung-woo: Elektrik şirketinden şimdi bir mesaj aldım. Bir saat kadar elektrik kesintisi olacakmış.

Elizabeth: Hah, tamam. Bu çok da kötü değil. Mumları yakma vakti!

Jung-woo: Bir sürü mumumuzun olması güzel. Romantik bir yemek yiyebiliriz!

Elizabeth: Ha ha. Evet, öyle! Aa, John şimdi mesaj attı. Onun evinde de elektrik kesintisi varmış

Jung-woo: Gerçekten mi?

Elizabeth: Evet. Buna şaşırdım. Üç mil uzakta yaşıyor!

Jung-woo: Ne oldu acaba?

Elizabeth: Bilmiyorum ama yemek hazır! Masaya birkaç mum daha koyalım da ne yediğimizi görelim.

Jung-woo: İyi fikir! Bu akşam başka sürprize ihtiyacımız yok.

Elizabeth: Elektrik şirketinden şimdi bir mesaj aldım. Tellere değen balonların kesintiye neden olduğu yazıyor.

Jung-woo: Aa, ciddi misin?

Elizabeth: Ayrıca elektrik kesintisinin en az iki saat daha süreceğini söylüyor.

Jung-woo: Vay canına! Sanırım tatlılarımızı da romantik bir ortamda yiyeceğiz!

Elizabeth: Evet, öyle görünüyor!

POWER OUTAGE

Elizabeth: I think the power just went out.

Jung-woo: Really? I thought you just turned out the lights.

Elizabeth: No. Try turning on the bathroom light.

Jung-woo: It isn't working.

Elizabeth: What about the bedroom light?

Jung-woo: Nope. That's not working either.

Elizabeth: Hmm, okay.

Jung-woo: Oh, I just got a text from the electric company. It says that the power will be out for an hour.

Elizabeth: Ugh, all right. That's not too bad. It's time to light the candles!

Jung-woo: It's good that we have a lot of candles. We can have a romantic dinner!

Elizabeth: Ha ha. Yes we can! Oh, John just texted me. He said the power is out at his house, too.

Jung-woo: Oh, really?

Elizabeth: Yeah. I'm surprised. He lives three miles away!

Jung-woo: I wonder what happened.

Elizabeth: I don't know. But dinner is ready! Let's put a couple more candles on the table so we can see what we're eating.

Jung-woo: Good idea! We don't need any more surprises tonight.

Elizabeth: Oh, I just got a text from the electric company. It says the power outage was caused by balloons touching the power lines.

Jung-woo: Oh really?

Elizabeth: It also says the power will be out for at least two hours.

Jung-woo: Wow. I guess we will have a romantic dessert too!

Elizabeth: Yep, I guess so!

96 SOSYAL MEDYAYI NE SIKLIKTA KULLANIYORSUN? - HOW OFTEN DO YOU USE SOCIAL MEDIA? (B1)

Martina: Merhaba Julian.

Julian: Selam Martina!

Martina: Ne yapıyorsun?

Julian: Sosyal medyada geziniyordum.

Martina: Sosyal medyayı ne sıklıkta kullanıyorsun?

Julian: Hiç bilmiyorum. Belki günde iki üç saat. Sen?

Martina: Benim de aşağı yukarı aynı.

Julian: Ne büyük zaman israfı!

Martina: Öyle mi diyorsun? Bazen ben de vaktimi boşa harcadığımı düşünüyorum ama bazen de insanlar için çok değerli olduğunu görüyorum.

Julian: Nasıl yani?

Martina: Yani, bence sosyal medya, arkadaşlarınla ve ailenle iletişimde kalmanın makul bir yolu. Haberleri takip edebiliyoruz ve diğer ülkerler ve kültürler hakkında bilgi almamız da mümkün oluyor.

Julian: Evet, insanlarla iletişimde kalmaya yardımcı olduğu konusunda ben de sana hak veriyorum. Gündemdeki olaylar hakkında bilgi almamızı da sağlıyor ama diğer kültürler hakkında nasıl bilgi veriyor?

Martina: Çok sayıda seyahat fotoğrafçısını ve diğer ülkelerin yazarlarını takip ediyorum; böylece onların fotoğraflarından ve yazılarından farklı yerler hakkında bilgi alıyorum.

Julian: Anladım. Evet, aslında gerçekten iyi. Bence sosyal medyanın sağladığı çok sayıda avantaj var ama yine de zararlı da olabiliyor. Birçok insan sanki hayatları muhteşemmiş gibi fotoğraf paylaşıyor ancak kimsenin mükemmel bir hayatı yok. Bazı insanlar o fotoğrafları görünce kendi hayatlarına üzülüyorlar.

Martina: Buna tamamen katılıyorum. Sosyal medya, insanları özgüvensiz ve kıskanç hale getiriyor. Diğer çoğu şey gibi sosyal medyayı da kararında kullanmak lazım!

HOW OFTEN DO YOU USE SOCİAL MEDİA?

Martina: Hey, Julian.

Julian: Hey, Martina!

Martina: What are you doing?

Julian: Just scrolling through my social media feeds.

Martina: How often do you use social media?

Julian: Oh, I don't know. Maybe two or three hours a day? What about you?

Martina: Probably about the same.

Julian: It's such a waste of time!

Martina: You think? Sometimes I think it's a waste of time, but other times I think it's really valuable to people.

Julian: What do you mean?

Martina: Well, I think social media is a convenient way to keep in touch with friends and family, it gives us a way to follow the news, and it enables us to learn about other countries and cultures.

Julian: Yeah, I agree that it helps us stay connected with people and make sure we're up-to-date on current events. But how does it help us learn about other cultures?

Martina: I follow a lot of travel photographers and writers from other countries, so I can learn about different places from their photos and captions.

Julian: Oh, I see. Yeah, that's a good thing. I think social media has a lot of benefits, but I think it can also be harmful. Many people post photos that make their lives look amazing, but no one has a perfect life. And seeing those photos can make some people feel bad about their own lives.

Martina: I totally agree with that. Social media can definitely make people insecure and jealous. Like most things, social media is good in moderation!

97 İŞ GÖRÜŞMESİNE HAZIRLANIRKEN - PREPARING FOR A JOB INTERVIEW (B1)

Allie: Önümüzdeki hafta bir iş görüşmem var ve çok gerginim!

Nathan: Ciddi misin? İş görüşmesi ne için?

Allie: Bir giyim mağazasında müdür pozisyonu için.

Nathan: Aa, vay canına, müdürlük ha? Aferin sana. Perakende sektöründe çok uzun zamandır çalışıyordun, bir sonraki adım için kesinlikle vakit gelmişti!

Allie: Evet, bence de. Yeni bir mücadeleye hazırım, daha yüksek bir maaşa da.

Nathan: Ha ha, o da gerçekten güzel olur! Peki, bu yeni işten nasıl haberin oldu?

Allie: İnternetten. Birkaç haftadır iş arıyordum. Geçen hafta bu iş ilanını gördüm ve öz geçmişimle kendimi tanıtan bir yazı gönderdim. İki gün sonra bana dönüş yaptılar.

Nathan: Bu oldukça hızlı olmuş! Etkileyici bir özgeçmişin var demek ki.

Allie: Ah, teşekkür ederim. Çok sıkı çalıştım!

Nathan: Peki sence sana ne soracaklar?

Allie: Muhtemelen müşteri hizmetlerinde önceki deneyimlerimi, işte yaşadığım zorlukları ve bunlarla nasıl başa çıktığımı. Bana birkaç farklı senaryo verip bunlarla nasıl ilgileneceğimi sorabilirler. Tüm bu sorular için cevaplarımı hazırlıyordum ben de.

Nathan: Çok iyi. Bence harika bir görüşme olacak.

Allie: Bilmiyorum. Mülakatlarda çok geriliyorum.

Nathan: Bu çok doğal. Kendine inanmalısın! İşi almış olduğunu hayal et.

Allie: He-he, tamam. Bunu yaparım!

Nathan: Mülakatın nasıl geçtiğini bana haber ver!

Allie: Veririm!

PREPARING FOR A JOB INTERVIEW

Allie: I have a job interview next week and I'm so nervous!

Nathan: Oh really? What's the interview for?

Allie: It's for a manager position at a clothing store.

Nathan: Oh wow, manager! Good for you. You've been working in retail for so long; it's definitely time for the next step!

Allie: Yeah, I think so. I'm ready for a new challenge. And a higher salary.

Nathan: Ha ha, that would be nice too! So how did you find out about this job?

Allie: Online. I've only been looking at jobs for a couple weeks. I found this job posting last week and sent them my resume and cover letter. They got back to me two days later.

Nathan: That's pretty quick! You do have an impressive resume.

Allie: Aww, thanks. I've worked hard!

Nathan: So, what do you think they're going to ask you?

Allie: Probably about my experience working in customer service, difficulties I've encountered on the job and how I've overcome them. They may give me a couple scenarios and then have me tell them what I would do. I've been practicing all of those answers.

Nathan: That's good. I think you'll do great.

Allie: I don't know. I get really nervous in interviews.

Nathan: That's normal. You just have to believe in yourself! Imagine that you already have the job.

Allie: He-he, okay. I'll do that!

Nathan: Let me know how the interview goes!

Allie: I will!

98 KURU TEMIZLEME ZIYARETI - TRIP TO THE DRY CLEANERS (B1)

Alice: Günaydın. Nasılsınız?

Shuo wen: İyiyim, teşekkürler. Siz?

Alice: İyiyim, sorduğunuz için teşekkür ederim.

Shuo wen: Bunları bırakmak istiyordum.

Alice: Olur. Bana telefon numaranızı söyleyebilir misiniz? Sistemden hesabınıza bakayım.

Shuo wen: Buraya ilk gelişim.

Alice: Anladım. O zaman telefon numaranızı, adınızı ve soyadınızı alabilir miyim?

Shuo wen: Tabii. Adım Shuo wen, soyadım Chen.

Alice: Adınızı kodlayabilir misiniz?

Shuo wen Sivas'ın "S"si, Hatay'ın "H"si, Urfa'nın "U"su, Ordu'nun "O"su; "W", Edirne'nin "E"si ve Niğde'nin "N"si.

Alice: Teşekkür ederim.

Shuo wen: Burada bir şarap lekesi var. Bunu çıkarmanız mümkün olur mu?

Alice: Her zamanki gibi elimizden geleni yaparız. Gösterdiğiniz için teşekkür ederim.

Shuo wen: Bu kuru temizlemecide sert kimyasallar mı kullanıyorsunuz?

Alice: Hayır, çevre dostu olmaktan gurur duyan bir şirketiz.

Shuo wen: Fiyatlarınız, diğer yerlere göre bu yüzden mi biraz daha yüksek?

Alice: Evet, kesinlikle. Çevremizi ve müşterilerimizin sağlığını korumak istiyoruz.

Shuo wen: Anlıyorum, bu iyi bir şey.

Alice: Fişiniz burada. Bunlar, cuma günü 13.00'ten sonra hazır olur.

Shuo wen: Harika, teşekkürler!

Alice: Teşekkürler. İyi günler.

TRİP TO THE DRY CLEANERS

Alice: Good morning. How are you?

Shuo wen: I'm good, thanks. How are you?

Alice: I'm good. Thanks for asking.

Shuo wen: I would like to drop these off.

Alice: Okay. Could you tell me your phone number so I can look up your account in our system?

Shuo wen: This is my first time here.

Alice: I see. Can I have your phone number and your first and last name?

Shuo wen: Yes. My first name is Shuo wen and my last name is Chen.

Alice: How do you spell your first name?

Shuo wen: "S" as in "snake," "h" as in "happy," "u" as in "under," "o" as in "octopus," and then "w" as in "water," "e" as in elephant, and "n" as in "Nebraska."

Alice: Thank you.

Shuo wen: There is a wine stain here. Do you think you can get that out?

Alice: We'll try our best, as always. Thank you for pointing that out.

Shuo wen: And do you guys use harsh chemicals at this dry cleaner?

Alice: No, we pride ourselves on being environmentally friendly here.

Shuo wen: Is that why you're a little more expensive than other places?

Alice: Yes, exactly. We want to protect the environment and our customers' health.

Shuo wen: I see. That's good.

Alice: Here is your receipt. These will be ready on Friday after 1 p.m.

Shuo wen: Great, thank you!

Alice: Thanks! Have a nice day.

99 EN SEVDİĞİM HAVALAR - FAVORITE KIND OF WEATHER (B1)

Amanda: Hava çok soğuk!

Robert: Ben çok seviyorum.

Amanda: Ciddi olamazsın? Neden bahsediyorsun? Donuyoruz!

Robert: Ben donmuyorum. Bu, benim en sevdiğim hava.

Amanda: Çok garipsin.

Robert: Ya sen? Sadece kavurucu sıcakları mı seviyorsun?

Amanda: Ha ha, ben ılık havaları severim, *kavurucu* sıcakları değil.

Robert: Yazın çok mutlu oluyorsun ama benim için çekilmez aylar.

Amanda: Sibirya'ya taşınmalısın.

Robert: Bunu çok isterdim! Yalnız muhtemelen sıkılırdım. Tabii bir de Rusça konuşamıyorum.

Amanda: Evet, o bir sorun olabilir.

Robert: Death Valley'ye taşınmalısın, Ölüm Vadisi'ne.

Amanda: Orası nerede?

Robert: Kaliforniya'da.

Amanda: Kulağa yaşamak için pek de eğlenceli bir yer değilmiş gibi geliyor.

Robert: Pek değil, ama çok sıcak. Sen seversin.

Amanda: Yine de kulağa pek çekici gelmiyor.

Robert: Kuru sıcak sorun değil ama neme dayanamıyorum.

Amanda: Evet, ben biraz neme dayanabilirim ama çok nemli havaya dayanamam.

Robert: Geçen sene Florida'ya gittiğimiz zamanı hatırlıyor musun? Çok nemliydi.

Amanda: Aman Allah'ım! Daha önce hiç öyle bir deneyimim olmamıştı!

Robert: Evet, biliyorum! Dışarıda iki dakikadan fazla kalamıyordun bile.

Amanda: Kesinlikle.

Robert: Şu an aralık ayında olduğumuz için mutluyum. Birkaç ay daha soğuk havanın keyfini çıkaracağız.

Amanda: Ah, ben baharın gelmesini dört gözle bekliyorum!

FAVORİTE KİND OF WEATHER

Amanda: It's so cold!

Robert: I love it.

Amanda: Really? What are you talking about? It's freezing!

Robert: Not for me. This is my favorite kind of weather.

Amanda: You're weird.

Robert: What about you? You only like scorching weather.

Amanda: Ha ha, I like warm weather but not *scorching* weather.

Robert: You're so happy in the summer, but for me it's unbearable.

Amanda: You should move to Siberia.

Robert: I would love that! Except I'd probably get bored. And I don't speak Russian.

Amanda: Yeğah, that might be a problem.

Robert: You should move to Death Valley.

Amanda: Where is that?

Robert: In California.

Amanda: That doesn't sound like a fun place to live.

Robert: No, it doesn't. But it's hot there, so you'd like it.

Amanda: It still doesn't sound very appealing.

Robert: Dry heat is okay, but I can't stand humidity.

Amanda: Yeah, I can handle a little humidity, but not a lot.

Robert: Do you remember when we went to Florida last year? It was so humid.

Amanda: Oh my gosh. I've never experienced anything like that!

Robert: I know! You couldn't even stay outside for more than a few minutes.

Amanda: Exactly.

Robert: Well, I'm glad it's only December. We get a couple more months of cold weather.

Amanda: Ugh, I can't wait for it to be spring!

100 KIRLI ÇAMAŞIRLAR - DOING LAUNDRY (B1)

Ajay: Sen üniversiteye gitmeden önce nasıl çamaşır yıkanacağını sana öğretmemiz gerekiyor! On yedi yaşına gelip de hala çamaşırları düzgün yıkayamıyor olmana inanamıyorum!

Nisha: Çamaşırların nasıl yıkanacağını biliyorum.

Ajay: Evet ama doğru düzgün yıkayamıyorsun! Bir sürü kıyafetimi mahvettin!

Nisha: Yalnızca birkaç parça.

Ajay: Ya, evet, yalnızca birkaç parça *eşyamı*! Makineye beyaz giren ama pembe çıkan o tişörtümü hatırlıyor musun?

Nisha: Pembe renk iyi olmuştu!

Ajay: Pembe tişört istemiyordum!

Nisha: Tamam, peki. Tişörtün için üzgünüm.

Ajay: Önemli değil. O travmayı atlattım. Ama üniversitedeyken diğer kıyafetleri de mahvetmeni istemiyorum.

Nisha: Ben de istemiyorum. Tamam, çamaşır yıkama dersimiz ne zaman?

Ajay: Şu an biraz vaktin var mı?

Nisha: Var tabii.

Ajay: Tamam. O zaman, ilk önce koyu renkli kıyafetleri açık renklilerden ayırmalısın.

Nisha: "Açık" ve "koyu" nedir?

Ajay: Açık renkler beyaz, bej, gri, açık mavi gibi renkler. Koyu renkli kıyafetler ise siyah, kahverengi, koyu gri ve parlak renkler.

Nisha: Anladım. Peki suyun derecesi nasıl olmalı?

Ajay: Koyu kıyafetler için soğuk su kullanmanı tavsiye ederim. Açık renkliler içinse ılık ya da sıcak su kullanabilirsin.

Nisha: Peki ne kadar süre yıkamalıyım?

Ajay: İlk olarak, suyun derecesini seçip bu tuşa basmalısın. Ardından yıkama türünü seçmelisin. Ben genellikle, "normal" programı seçiyorum. Sonra "başlat" tuşuna basıyorsun. İşte bu kadar basit.

Nisha: Kolaymış. Sanırım bunu yapabilirim.

Ajay: Bence de yapabilirsin! Üniversiteye gidersen kendi kıyafetlerini yıkayabilirsin!

Nisha: Ha ha. Bana inandığın için teşekkür ederim baba!

DOING LAUNDRY

Ajay: We need to teach you how to do laundry before you go away to college! I can't believe you're already seventeen and you haven't learned how to do laundry properly.

Nisha: I know how to do laundry.

Ajay: Yes, but not well! You've ruined so many clothes!

Nisha: Only a few things.

Ajay: Yeah, a few of *my* things! Remember my shirt that went into the washing machine white and came out pink?

Nisha: It looked good pink!

Ajay: I didn't want a pink shirt!

Nisha: Okay. I'm sorry about that.

Ajay: It's fine. I've recovered from that trauma. But I don't want you to ruin any more clothes in college.

Nisha: Me neither. All right, so when is our laundry lesson?

Ajay: Do you have some time now?

Nisha: Sure.

Ajay: Okay. So, first you need to separate the dark clothes from the light clothes.

Nisha: What is "light" and what is "dark"?

Ajay: Light colors are white, beige, grey, light blue… things like that. Dark clothes are black, brown, dark grey, and bright colors.

Nisha: I see. How hot should the water be?

Ajay: For dark clothes, I recommend cold water. For light colors, you can use warm or hot water.

Nisha: And how long do I wash them for?

Ajay: Well, first you choose the water temperature and push this button. Then you choose the type of wash. I usually go with "regular." Then you push the "start" button. It's that easy.

Nisha: Oh, that is easy. I think I can do that.

Ajay: I think you can too! If you get into college, you can wash your own clothes!

Nisha: Ha ha. Thanks for believing in me, Dad!

101 GEÇEN SENEKI ŞÜKRAN GÜNÜ - LAST YEAR'S THANKSGIVING (B1)

Caitlin: Merhaba Grant. Bu seneki Şükran Günü için planın nedir?

Grant: Kuzenimin evine gideceğim. Annem ve babam, büyük annemle büyük babam, teyzem, dayım ve kuzenlerimden üçü orada olacak.

Caitlin: Vay canına! Oldukça büyük bir aile buluşması olacak desene!

Grant: Evet, öyle! Sen Şükran Günü'nde ne yapacaksın?

Caitlin: Şükran Günü'nde çalışmak zorundayım! Yazık bana!

Grant: Olamaz! Bu çok kötü!

Caitlin: Evet, restoran sektöründe çalışmanın dezavantajlarından biri de bu. Ama daha çok para kazanacağım, bu da iyi tarafı.

Grant: Bu, durumu biraz telafi ediyor galiba. Şükran Günü'nde genellikle ne yaparsın?

Caitlin: Normalde ailemin evinde toplanır ve yemek yeriz.

Grant: Genelde ne tür yiyecekler yersiniz?

Caitlin: Hindi, dolma ve balkabaklı tatlı… Sıradan Şükran Günü yemekleri. Her zaman çok lezzetli olur, ailede bir sürü iyi aşçı var.

Grant: Bu harika!

Caitlin: Evet, geçen sene çok lezzetli bir püre yapmıştım, bana gurur veren bir olaydı! Pek iyi bir aşçı sayılmam çünkü.

Grant: Ben de! Ama yemeğe bayılırım.

Caitlin: Ben de! Ailem her zaman iskambil oynar. Bizim için bir nevi Şükran Günü geleneği oldu bu. Geçen sene yemekten sonra tam üç saat iskambil oynadık!

Grant: Vay canına! Yemekten sonra uyuklamadığınıza şaşırdım açıkçası! Şükran Günleri'nde yemekten sonra hemen sızarım ben.

Caitlin: Gerçekten öyle. Ben de şaşırdım! Kendimizi oyuna kaptırmışız!

Grant: Ah, bu harika. Umarım gelecek sene de Şükran Günü'nde ailenle bir arada olabilirsin.

Caitlin: Ben de öyle umarım.

LAST YEAR'S THANKSGIVING

Caitlin: Hey, Grant. What are you doing for Thanksgiving this year?

Grant: I'm going to my cousin's house. My parents, grandparents, my aunt and uncle, and three of my cousins will be there.

Caitlin: Oh, wow! That's a pretty big gathering.

Grant: Yeah it is! What are you doing for Thanksgiving?

Caitlin: I have to work on Thanksgiving! I'm so bummed!

Grant: Oh no! That's terrible!

Caitlin: Yeah, that's one of the downsides of working in the restaurant industry. But I get paid more, so that's good.

Grant: That kind of makes up for it, I guess. What do you usually do for Thanksgiving?

Caitlin: We usually go to my parents' house and have dinner.

Grant: What do you guys usually eat?

Caitlin: Turkey and stuffing and pumpkin pie—all the usual Thanksgiving food. It's always delicious; we have a lot of great cooks in my family.

Grant: Oh, awesome!

Caitlin: Yeah. I made some pretty good mashed potatoes last year; I was proud of myself! I'm not a good cook.

Grant: Me neither! I love to eat, though.

Caitlin: Me too! My family always plays cards together too. It's kind of a Thanksgiving tradition for us. Last year we played for three hours after dinner!

Grant: Oh wow! I'm surprised you guys didn't fall asleep after dinner! I always pass out after dinner on Thanksgiving.

Caitlin: I know. I'm surprised too! We were so into the game!

Grant: Aww, that's cool. Well, I hope you can spend Thanksgiving with your family next year.

Caitlin: I do too.

102 KENDIMI PEK IYI HISSETMIYORUM - NOT FEELING WELL (B1)

Elina: Merhaba Gerry. Sanırım bugün evde kalacağım. Kendimi pek iyi hissetmiyorum.

Gerry: Öyle mi! Sorun ne?

Elina: Başım ağrıyor ve halsiz hissediyorum. Sanırım kusacağım.

Gerry: Acaba yediğin bir şey mi dokundu? Belki gıda zehirlenmesidir.

Elina: Bilmiyorum. Kahvaltıda omlet, öğle yemeğinde pizza ve akşam yemeğinde biftek yemiştim.

Gerry: Yediklerinde çok olağan dışı bir şey yok gibi. Dün ne yaptın?

Elina: Sahile gittim çünkü çok güzel bir gündü; biraz güneş banyosu yapmak istedim.

Gerry: Belki de güneşin altında çok uzun süre kaldın.

Elina: Ama yalnızca bir saat dışarıdaydım.

Gerry: Hiç su içtin mi?

Elina: Pek değil.

Gerry: Tüm günü susuz mu geçirdin?

Elina: Evet...

Gerry: Muhtemelen vücudun susuz kaldı.

Elina: Öyle mi dersin?

Gerry: Olabilir. Tüm gün su içmediysen ve güneşin altında bir saat geçirdiysen vücudun susuz kalmış olabilir.

Elina: Peki ne yapmalıyım?

Gerry: İçeride kal ve su iç!

Elina: Tamam.

NOT FEELİNG WELL

Elina: Hey, Gerry. I think I'm going to stay home today. I'm not feeling well.

Gerry: Oh, no! What's wrong?

Elina: I have a headache and I feel dizzy. I think I might throw up.

Gerry: Was it something you ate? You might have food poisoning.

Elina: I don't know. I had an omelet for breakfast, pizza for lunch, and a steak for dinner.

Gerry: That doesn't seem like anything unusual. What did you do yesterday?

Elina: Well, I went to the beach because it was such a nice day and I wanted to soak up some sun.

Gerry: Maybe you stayed out in the sun too long.

Elina: But I was only outside for an hour.

Gerry: Did you drink any water?

Elina: Not really.

Gerry: No water all day?

Elina: No…

Gerry: You're probably dehydrated.

Elina: You think?

Gerry: Maybe. If you don't drink water all day and then you stay in the sun for an hour, you can get dehydrated.

Elina: What should I do?

Gerry: Stay inside and drink water!

Elina: Okay.

103 KAR KAYAĞI MACERASI - SNOWBOARDING TRIP (B1)

Samantha: Söyle bakalım Johnny, dağdaki ilk gezintin için hazır mısın?

Johnny: Aslında bunun iyi bir fikir olduğundan pek emin değilim.

Samantha: İyi olacaksın!

Johnny: Yani bu, sörf gibi ama dalgalar yerine karlar var, doğru mu?

Samantha: Pek değil. Öncelikle bilmen gereken gerçekten önemli birkaç şey var.

Johnny: Bana bunu şimdi mi söylüyorsun?

Samantha: En azından söylüyorum!

Johnny: Tamam, peki bilmem gereken bu gerçekten önemli birkaç şey neymiş?

Samantha: Öncelikle, ayaklarının kayağa bağlı olduğunu unutmamalısın.

Johnny: Tamam, bu zaten belli. İstediğim yöne gitmek için yürüyemem.

Samantha: Anladığına sevindim.

Johnny: Sonraki konu ne?

Samantha: Kayağın ön tarafını istediğin yöne gitmek için kullanamazsın. Yoksa kayak takılır ve muhtemelen dağdan aşağı yuvarlanırsın. Bu, pek eğlenceli olmaz.

Johnny: Hayır, hiç olmaz!

Samantha: Bunun yerine omuzlarından destek al ve dönmek için kayağın arka tarafını kullan.

Johnny: Tamam. Başka?

Samantha: Başak bir şey yok! Gitme vakti!

Johnny: Tamam. İlk olarak ben mi çıkayım?

Samantha: Tabii! Parkuru henüz iyi bilmediğinin farkındayım ama tabelaları takip edersen sorun kalmaz. Hemen arkanda olacağım.

Johnny: Pekâlâ, hadi başlayalım!

SNOWBOARDING TRİP

Samantha: So, Johnny, are you ready for your first ride down the mountain?

Johnny: You know, I'm not so sure this is a good idea.

Samantha: You'll be fine!

Johnny: So, this is just like surfing but instead of waves, it's on snow, right?

Samantha: Not quite. There are a few really important things you need to know first.

Johnny: You're telling me this now?

Samantha: At least I'm telling you!

Johnny: Okay, so what are these few really important things I need to know?

Samantha: First, you have to remember that your feet are connected to your board.

Johnny: Right. That's obvious. I can't walk the board to steer.

Samantha: I'm glad you understand.

Johnny: What's the next thing?

Samantha: You can't really steer with the front of your board. You'll catch an edge and surely tumble down the mountain. That wouldn't be very fun.

Johnny: No, it would not!

Samantha: Instead, lead with your shoulders and use the back end of your board to turn.

Johnny: Okay. Anything else?

Samantha: Nope! Time to go!

Johnny: All right. Should I go first?

Samantha: Sure! I know you don't really know the course yet, but just follow the signs and you should be fine. I will be right behind you.

Johnny: All right, here we go!

104 EVI BOYUYORUZ - PAINTING THE HOUSE (B1)

Clark: Salonu ne renge boyayalım?

Valentina: Bence parlak ve ilgi çekici bir renk olsun, mesela yeşil.

Clark: Yeşil mi? Hangi tonu?

Valentina: Misket limonu yeşili olabilir?

Clark: Misket limonu mu?! Adaçayı ya da yosun yeşilini kabul edebilirim ama misket limonundan emin değilim. Ya grinin çeşitlerine ne dersin?

Valentina: Gri mi? Kulağa epey iç karartıcı geliyor.

Clark: Gri gerçekten temiz ve modern görünür. Dur sana resimlerini göstereyim.

Valentina: Hmm... Hiç de fena görünmüyor. Peki ya grimsi bir mavi nasıl olur?

Clark: Olabilir.

Valentina: Şu resme bak. Bunun gibi bir şey.

Clark: Evet, beğendim sayılır.

Valentina: Gerçekten mi?

Clark: Evet.

Valentina: Vay canına, bu konuda hemfikir miyiz?

Clark: Bence öyleyiz! Tamam, o zaman boya rengine karar verdik. Sırada almamız gereken malzemeler var.

Valentina: Evet, var. Boya rulosu, boya tepsileri ve birkaç tane fırça almamız lazım. Bir de işaretleme bandı almamız gerekiyor.

Clark: Merdiven de lazım, değil mi?

Valentina: Evet, Adam merdivenini bize ödünç verecek.

Clark: Tamam. Harika.

Valentina: Umarım oda güzel görünür!

Clark: Bence de. Peki ya tüm salonu boyarsak ama hoşumuza gitmezse?

Valentina: Sanırım bu, almamız gereken bir risk.

Clark: Evet. Öyleyse hırdavatçıya gidip malzemeleri almak ister misin?

Valentina: Elbette!

PAINTING THE HOUSE

Clark: What color should we paint the living room?

Valentina: I think we should paint it something bright and interesting, like green.

Clark: Green? What shade of green?

Valentina: Maybe a lime green?

Clark: Lime?! I could handle a sage green or a moss green. But I don't know about lime. What about some kind of grey?

Valentina: Grey? That sounds depressing.

Clark: Grey looks really clean and modern. Here, I'll show you pictures.

Valentina: Hmm… that doesn't look that bad. What about a greyish-blue color?

Clark: That might work.

Valentina: Look at this picture. Something like this.

Clark: Yeah, I kind of like that.

Valentina: Really?

Clark: Yeah.

Valentina: Wow, do we agree on this?

Clark: I think so! All right, so we've decided on the paint color. We need to buy some supplies too.

Valentina: Yes, we do. We need a paint roller and trays and a couple brushes. And some painter's tape.

Clark: We need a ladder too, right?

Valentina: Yeah, Adam is lending us his ladder.

Clark: Oh, okay. Perfect.

Valentina: I hope the room will look good!

Clark: Me too. What if we paint the whole room and then we don't like it?

Valentina: I guess that's a risk we have to take.

Clark: Yep. Want to go to the store and get the supplies?

Valentina: Sure!

105 MUHTEŞEM BIR GÜN BATIMI - A BEAUTIFUL SUNSET (B1)

Susana: Haydi, bugün yürüyüşe çıkalım. Bugün çok güzel bir gün ve tüm günü içeride tıkılarak geçirdik.

Paul: İyi fikir. Blackson Sahili'ndeki kayalıklara gitmeliyiz. Orada gün batımını yakalayabiliriz.

Susana: Tamam! Ama kısa sürede çıkmamız lazım. Güneş kırk dakika içinde batacak.

Paul: Tamam, haydi gidelim!

(Yoldayken...)

Susana: Anlat bakalım, gördüğün en güzel gün batımı hangisiydi?

Paul: Hmm... Tayland'da gerçekten çok güzel gün batımları gördüm.

Susana: Gerçekten mi? Neden güzeldi?

Paul: Gökyüzünde çok fazla renk vardı, turuncu, pembe, mor; tabii, Tayland'da bir sahildeysen her şey çok daha güzel görünüyor!

Susana: Evet, eminim öyledir. Umarım ben de bir gün Tayland'a gidebilirim!

Paul: Ben de gerçekten bir daha gitmek isterim. Çok güzel yerler vardı ve insanlar çok nazikti. Ve tabii ki yemekler de muhteşemdi. Üstelik çok da ucuz!

Susana: Para biriktirmeye başlayacağım.

Paul: Haha, tamam!

Susana: Geldik! Zamanında yetiştik. Güneş on dakika içinde batacak. İzlemek için güzel bir yer bulalım.

Paul: Şuradaki kayaya ne dersin?

Susana: Evet, olur, haydi gidelim.

Paul: Vay canına, burası çok güzel!

Susana: Tayland kadar güzel mi?

Paul: Neredeyse! Bu çok iyi bir fikirdi Susana. Bunu daha sık yapmalıyız.

Susana: Katılıyorum. Buraya güneşin batışını izlemek için ayda en az bir kere gelelim!

Paul: Tamam!

A BEAUTİFUL SUNSET

Susana: Let's go for a walk today. It's such a beautiful day and we've been cooped up inside all day.

Paul: Good idea. We should go to the cliffs at Blackson Beach. We can catch the sunset there.

Susana: Okay! But we should leave soon. The sun is going to set in forty minutes.

Paul: Okay, let's go!

(On the way…)

Susana: So, what's the most beautiful sunset you've ever seen?

Paul: Hmm… I saw some really beautiful sunsets in Thailand.

Susana: Oh really? Why were they beautiful?

Paul: There were so many amazing colors in the sky—orange, pink, purple—and of course everything is a lot more beautiful when you're on a beach in Thailand!

Susana: Yeah, I bet. I hope I can go to Thailand someday!

Paul: I really want to go back. There were so many beautiful places and the people were so nice. And, of course, the food was amazing. And so cheap!

Susana: I'm going to start saving money.

Paul: Haha, okay!

Susana: We're here! We made it in time! The sun is going to set in ten minutes. Let's find a good spot to watch it.

Paul: What about that rock over there?

Susana: Oh, yes, let's go.

Paul: Wow, it's so beautiful.

Susana: As beautiful as Thailand?

Paul: Almost! This was a good idea, Susana. We should do this more often.

Susana: I agree. Let's come here to watch the sunset at least once a month!

Paul: Okay!

CONCLUSION

What a ride, huh? One hundred and five conversations in Turkish, written for your learning and improvement of your grasp of the language! We hope that they've served to help give you a better understanding of conversational Turkish and to provide you with a massive amount of learning material that most professors *won't* be providing you anytime soon!

We have one last round of tips for you, reader, now that you're done with the book and may suddenly be wondering what comes next:

1. **Study!** Nobody learns a new language overnight, and just skimming through this book once won't be enough for you to acquire the tools you've looked for. Re-read it, understand it and finally dominate it, and only then will you be truly learning.
2. **Rehearse!** Find a partner and rehearse or recreate the conversations that you see here. It'll work for your pronunciation and shake that shyness you may have!
3. **Create!** Take these conversations and make your own for other situations! There's always something you can produce on your own, and it'll help you improve your grasp of the tongue!
4. **Don't give up!** Giving up is for losers. Keep working and make your effort worth it. Results will come, trust us!

So, there we have it, readers, we've finally reached the end. We hope you enjoyed the book and continue to come back for more. We're certainly working hard to produce more books for you to improve your Turkish. Take care and see you soon!

Good luck and don't quit! Success is always just a few steps away!
Thanks for reading!

MORE BOOKS BY LINGO MASTERY

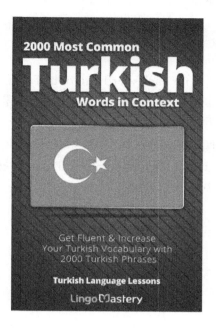

Have you been trying to learn Turkish and simply can't find the way to expand your vocabulary?

Do your teachers recommend you boring textbooks and complicated stories that you don't really understand?

Are you looking for a way to learn the language quicker without taking shortcuts?

If you answered *"Yes!"* to at least one of those previous questions, then this book is for you! We've compiled the **2000 Most Common Words in Turkish**, a list of terms that will expand your vocabulary to levels previously unseen.

Did you know that — according to an important study — learning the top two thousand (2000) most frequently used words will enable you to understand up to **84%** of all non-fiction and **86.1%** of fiction literature and **92.7%** of oral speech? Those are *amazing* stats, and this book will take you even further than those numbers!

In this book:

A detailed introduction with tips and tricks on how to improve your learning

A list of **2000** of the most common words in Turkish and their translations

An example sentence for each word – in both Turkish *and* English

Finally, a conclusion to make sure you've learned and supply you with a final list of tips

Don't look any further, we've got what you need right here!

In fact, we're ready to turn you into a Turkish speaker... are you ready to become one?

Do you know what the hardest thing for a Turkish learner is?

Finding *PROPER* reading material that they can handle...which is precisely the reason we've written this book!

Teachers love giving out tough, expert-level literature to their students, books that present many new problems to the reader and force them to search for words in a dictionary every five minutes - it's not entertaining, useful or motivating for the student at all, and many soon give up on learning at all!

In this book we have compiled 20 easy-to-read, compelling and fun stories that will allow you to expand your vocabulary and give you the tools to improve your grasp of the wonderful Turkish tongue.

How **Turkish Short Stories for Beginners** works:

- Each story is interesting and entertaining with realistic dialogues and day-to-day situations.
- The summaries follow a synopsis in Turkish and in English of what you just read, both to review the lesson and for you to see if you understood what the tale was about.
- At the end of those summaries, you'll be provided with a list of the most relevant vocabulary involved in the lesson, as well

as slang and sayings that you may not have understood at first glance!

- Finally, you'll be provided with a set of tricky questions in Turkish, providing you with the chance to prove that you learned something in the story. Don't worry if you don't know the answer to any - we will provide them immediately after, but no cheating!

We want you to feel comfortable while learning the tongue; after all, no language should be a barrier for you to travel around the world and expand your social circles!

So look no further! Pick up your copy of **Turkish Short Stories for Beginners** and level up your Turkish *right now*!

Made in United States
North Haven, CT
11 May 2024